Im Spiegel unseres wahren Selbst

Bibliografische Information der Deutschen Nationalbibliothek:
Die Deutsche Nationalbibliothek verzeichnet diese Publikation in
der Deutschen Nationalbibliografie; detaillierte bibliografische Daten
sind im Internet über dnb.dnb.de abrufbar.

*Die automatisierte Analyse des Werkes, um daraus Informationen
insbesondere über Muster, Trends und Korrelationen gemäß § 44b
UrhG (»Text und Data Mining«) zu gewinnen, ist untersagt.*

Satz, Umschlaggestaltung, Herstellung und Verlag:
BoD – Books on Demand, Norderstedt

ISBN 978-3-7583-4163-2

EMILIO DEIA

IM SPIEGEL UNSERES WAHREN SELBST

Wie Authentizität zu Mitgefühl führt und die Einsamkeit in uns auflöst

INHALT

Ein neuer Tag

Auch heute wird der Weltgeist seine schöpferische Kraft
nicht mit Duplikaten verschwenden.

Dieser Tag betritt den Raum als Unikat,
genauso wie unzählige Tage vor ihm.

Er blüht auf als verwobene Komposition aus allem,
was ihm vorausgegangen ist, und ist daher nicht weniger
als das komplexeste Ereignis seit Beginn der Zeit.

Seine Mutter ist die Vergänglichkeit,
denn sie ist es, die ihn erblühen lässt,
und nur durch sie wird auch er unabdingbarer Teil von allem,
was war und kommt, denn sein Verblühen offenbart die
Unendlichkeit.

Nur das, was ging, das war,
und ohne das, was war,
wäre das, was kommt, ein Anderes.
Und so treiben wir hinaus über einen unentwegt wachsenden,
nicht enden wollenden Ozean.

Emilio

Für Tania, Jana, Florian-Joel
und Anna-Julie

KAPITEL 1

Veränderung als Konstante:
Nomaden im endlosen Raum

Wenn wir uns fragen, ob wir heute noch dieselbe Person sind, die wir gestern, vor einigen Tagen, vor fünf oder zehn Jahren waren, entdecken wir, dass wir einer ständigen Veränderung unterliegen. Wir erkennen, dass wir in unserem Leben nicht nur einmal, sondern fortwährend neu geboren werden und unentwegt sterben, vom Neugeborenen zum Kind, zum Teenager, zum Erwachsenen und schließlich zum Greis. Jede Erfahrung, die wir im Leben machen, verändert unseren Blick auf uns selbst und auf die Welt um uns herum, manchmal nur geringfügig und manchmal auf drastische Art und Weise. Überzeugungen sterben und angenommene Identitäten wandeln sich, während wir uns fragen, wer wir wirklich sind und ob etwas in unserem Innersten bleibt, wie es war.

Diese universelle Gesetzmäßigkeit eines unentwegt voranschreitenden Transformationsprozesses bestimmt nicht nur unser Dasein, sondern auch die Welt um uns herum. Könnten wir unseren Heimatplaneten von einer fernen Galaxie aus beobachten, würden wir erkennen, dass wir Nomaden sind, die niemals stillstehen. Aus kosmischer Perspektive betrachten wir, erfüllt von tiefem Heimweh, unseren kleinen

Blauen Planeten, den wir jetzt, wo er so weit entfernt ist, am liebsten umarmen würden. Wir beobachten, wie sich diese kleine blaue Murmel unaufhörlich um ihre eigene Achse dreht und gleichzeitig ihren Stern umkreist, während sie gemeinsam mit der ihr verbundenen Galaxie, der Milchstraße, durch den endlosen interstellaren Raum reist.

Von diesem entfernten Horizont aus entdecken wir, dass wir uns im Verlauf unseres Lebens zu keinem Zeitpunkt an derselben Stelle im Universum befinden. Unbemerkt von uns selbst sind wir unaufhörlich in Bewegung und erwachen jeden Tag an einem anderen, weit entfernten und unbekannten Ort im Kosmos.

Doch dieser ständige Ortswechsel ist nur ein Teil des kontinuierlichen Wandels, der unser Dasein prägt. In einem grenzenlosen Weltall sind wir Zeugen eines allumfassenden, unaufhaltsamen Prozesses von Entstehen und Vergehen. Selbst die größten und mächtigsten Sterne sind dazu bestimmt, dem geheimnisvollen Kreislauf von Existenz und Vergänglichkeit zu folgen. In diesem scheinbar endlosen Zyklus von Erschaffen und Zerrinnen wirken Kräfte, die unsere Vorstellungskraft übersteigen und sich unseren bisherigen Theorien entziehen. Tatsächlich sind nur etwa fünf Prozent des Universums wirklich identifiziert; der Rest bleibt bislang ein Mysterium. Demnach besteht eine der größten Herausforderungen für unser Verständnis der Naturgesetze darin zu erklären, was die verbleibenden fünfundneunzig Prozent des Universums ausmachen. In der Praxis zeigt sich dies etwa in den Rotationskurven von Galaxien, die nicht allein durch die Gravitation der sichtbaren Materie erklärt werden können. Etwas Unbekanntes, welches diese massiven Einflüsse bewirkt, muss demnach existieren.

Doch zurück zur fernen Galaxie, in der wir uns gedanklich noch immer befinden und die genau einhundert Lichtjahre von unserer Heimat entfernt ist. Die Zivilisation, die wir dort antreffen, ermöglicht uns einen Blick durch ihr Quantenobjektiv auf unseren Heimatplaneten. Und während wir hineinsehen, beobachten wir verwundert Ereignisse, die vor einhundert Jahren geschehen sind, als würden sie gerade jetzt stattfinden. Überrascht erkennen wir, dass wir gleichzeitig eine Zeitreise unternehmen, denn wir sehen eine Vergangenheit, die im kosmischen Kontext immer noch präsent ist. Dies konfrontiert uns mit der verblüffenden Tatsache, dass trotz der vergänglichen Natur aller Dinge alles in einer gewissen Weise präsent und abrufbar bleibt, fortwährend beleuchtet vom ewigen Licht, das unser Universum durchquert.

Diese rätselhaften Phänomene erinnern uns daran, wie wenig wir tatsächlich verstehen und wie viele Geheimnisse das Universum noch verborgen hält. Um unsere nicht enden wollende, rasante Reise durch ein höchst lebensfeindliches Universum zu überstehen, bedarf es nicht nur unseres faszinierenden Raumschiffs, der Erde, sondern auch eines hochintelligenten biologischen Systems, unseres Körpers. In diesem vielschichtigen Gefüge steuern automatisierte Prozesse den ständigen Austausch von Molekülen und formen unentwegt neue Zellen, die abgestorbene oder defekte ersetzen. In jungen Jahren ist unser Organismus diesem Zyklus beständig einen Schritt voraus, sodass stets genügend vitale und gesunde Zellen vorhanden sind, um die verbrauchten und absterbenden zu ersetzen. Doch irgendwann im Laufe unseres Lebens erreichen wir diesen einen Moment, in dem sich die Sequenz der Zellregeneration in ein ungünstiges Verhältnis dreht. Das Gleichgewicht zwischen vitalen und absterbenden Zellen beginnt sich unaufhaltsam zu verschlechtern und wir fangen an zu altern. Die Spuren, die auf unserer Haut hinterlassen werden, sind stumme Zeugen dieses Verlaufs und scheinen uns ermahnen zu wollen, dass sich unsere Zukunft auf dieser Erde mit jedem vergehenden Tag aufbraucht.

Angesichts dieser beängstigenden Tatsache fragen wir uns: Gibt es eine Konstante, die uns zu Hoffnung und Zuversicht verhilft, eine Art inneren Polarstern, der uns selbst in dunkelsten Zeiten Orientierung auf unserer Reise durch den weiten, unbekannten Raum des Lebens bietet und uns dabei hilft, stets den Weg zurück »nach Hause« zu finden, zu einem Gefühl des Verbundenseins mit uns selbst, mit unseren Mitmenschen und Mitgeschöpfen und unserem Planeten Erde?

Von meiner Suche nach jenem inneren Stern, der sowohl für dich als auch für mich leuchtet und uns den Weg zu Verbundenheit und Authentizität weist, sowie von dem, was ich durch ihn in meinem persönlichen Leben erkannte, möchte ich dir auf den folgenden Seiten berichten.

KAPITEL 2

Auf dem Weg zum Licht:
Die Enthüllung unseres inneren Polarsterns

Wäre eine künstliche Intelligenz in der Lage, ein individuelles Berechnungsmodell zu entwerfen, das uns jeden Schritt zur besseren Orientierung und zum individuellen Glück vorgibt, würden wir schließlich erkennen, dass das, was wir erlangen, niemals vollständig sein kann, und dass wir darüber hinaus einen enormen Preis dafür zu zahlen hätten. Sie würde nicht nur unsere Freiheit einschränken, sondern uns auch die wertvolle Möglichkeit nehmen, uns als Menschen weiterzuentwickeln. Die vermeintlich perfekte Strategie zum Glück würde uns unweigerlich in eine emotionale Stagnation führen und sich letztlich als trügerisch erweisen.

Um eine Konstante zu finden, an der wir uns orientieren können und die uns das Ziel weist, müssen wir demnach nach etwas suchen, das weder das Spektrum aller erdenklichen Möglichkeiten noch unseren freien Willen einschränkt. Es muss etwas sein, das nicht erst erschaffen, erdacht oder manipuliert werden muss, sondern etwas, das unveränderlich existiert und immer gegenwärtig ist. Ein Stern, der von dem Augenblick an, in dem unser Herz zu schlagen beginnt, allein für uns zu leuchten beginnt.

Ein uns eigener Polarstern als verlässlicher Wegweiser durch eine Welt, in der nichts bleibt, wie es war. Wenn wir seinem Signal folgen, dann intensivieren wir mit jedem Schritt zu einer höheren Bewusstheit auch den Grad der Verbundenheit mit der Welt, in der wir leben. Doch häufig verlieren wir schon früh die Verbindung zu ihm und verirren uns in falschen Identitäten. Denn auf dem Weg zur Authentizität ist bis zum Heranreifen unserer Persönlichkeit der Zuspruch unserer Eltern immer dann, wenn sie unseren Wesenskern entdecken, von großer Bedeutung. Leider jedoch entfremden uns oft schon in jungen Jahren Eltern und Gesellschaft von jenem wahren Selbst, indem sie uns Anerkennung und Zuneigung nur dann zeigen, wenn wir ihren Vorstellungen entsprechen, und eben nicht, wenn wir unsere eigenen Leidenschaften entdecken. Es wird verkannt, dass jeder seinen eigenen Weg, seinen inneren Wesenskern finden muss, um ein erfülltes Leben zu erlangen. Wenn wir uns verbiegen und unsere eigenen Wünsche verdrängen, um Erwartungen zu erfüllen, die uns nicht entsprechen, riskieren wir im gleichen Maße einen Verlust an Verbundenheit zu allem, was uns umgibt. Dann begegnen wir der größten aller Ängste, der Angst vor dem Alleinsein. Der Schmerz ist groß, und um ihm und der gefühlten Einsamkeit zu entkommen, treibt es uns noch tiefer in jenes makabre Spiel, das uns Stunde um Stunde, Tag um Tag, Jahr um Jahr unseres authentischen Lebens beraubt.

Nur dann, wenn wir bedingungslos dafür geliebt werden, was wir im Innersten sind, werden wir stark und können den Herausforderungen, die das Leben mit sich bringt, mutig entgegentreten. Wenn wir den Weg zu uns selbst gehen und ungetrübt sowie heilsam über uns reflektieren lernen, finden wir zu jenem Stern, der unentwegt für uns leuchtet. Wir erspüren sein Signal in allem, was uns widerfährt, und wir lernen, klarer zwischen dem zu unterscheiden, was er uns zuträgt und was somit unserem wahren Sein entspringt, und dem, was uns aus fremden, externen Quellen suggeriert wird. Und selbst dann, wenn uns die Sicht verdeckt ist, finden wir im Licht unseres Polarsterns immer wieder zurück zu uns selbst und erkennen, dass wir nicht isoliert sind, sondern Teil eines größeren Ganzen. Wir gehen unseren Weg und entdecken den unschätzbaren Wert der universellen ethischen Prinzipien. Wir träumen unsere Träume, erfüllen unsere tiefen Wünsche und leben unsere Leidenschaften.

Als kleiner Junge erhielt ich ein kostbares Geschenk, das mir die Existenz des uns eigenen Polarsterns erahnen ließ – eine Konstante, die mir im Leben unentwegt zurück zu Zuversicht und Hoffnung verhalf.

Meine Oma erzählte mir immer wieder von ihrem Heimatdorf Eyba, das durch die Zonengrenze gefühlsmäßig in weite Ferne gerückt war. Über die Jahre hinweg steigerten ihre Geschichten meine Neugier so sehr, dass ich, als ich neun Jahre alt war, unbedingt dorthin reisen wollte. Doch das war nicht einfach, denn um als Westdeutscher in die DDR zu gelangen, musste man sich durch zahlreiche bürokratische Hürden kämpfen, einschließlich dieser komplizierten Reiseanträge.

Um dich in deiner Fantasie meinem Erlebnis näherzubringen, möchte ich dir die Geschichte aus Sicht des kleinen Jungen erzählen:

Trotz aller bürokratischen Hindernisse gelang es meinen Eltern schließlich, die Einreiseerlaubnis für mich zu erhalten, und ich wurde in den Zug gesetzt, der mich nach Weimar bringen sollte. Meine Aufregung während der Fahrt wuchs kontinuierlich, je näher wir der damaligen Zonengrenze kamen. Ich verfolgte durch das Fenster die vorbeihuschende Landschaft und beobachtete, dass sich alles immer mehr veränderte, je näher ich dem Übergang in die DDR kam: Anstelle belebter Städte und Dörfer, die zwischen den Feldern lagen, sah ich bald nur noch vereinzelte Gehöfte zwischen ausgedehnten Wald- und Wiesenlandschaften.

Plötzlich tauchten am Horizont Wachtürme auf, gefolgt von einem hohen, scheinbar endlosen Zaun, und auf den Türmen und hinter den Zäunen sah man Soldaten mit Schäferhunden. Während ich dies alles etwas beängstigt aus dem Fenster wahrnahm, verlangsamte unser Zug seine Fahrt und im Waggon breitete sich eine spürbar beklemmende Atmosphäre aus. Die Gespräche der Passagiere verstummten nach und nach, Zeitungen wurden zusammengefaltet und alle schauten mit besorgten Blicken starr vor sich hin.

Schließlich hielt der Zug an einer kleinen Station, wo einige ernst dreinblickende Männer in Uniform die Waggons betraten. Wortlos stellten sie sich vor die Sitzreihen und begannen, Pässe und Einreisedokumente zu kontrollieren. Ich beobachtete nervös, wie einer der Staatspolizisten den Gang entlangschritt und, Reihe für Reihe, immer näherkam, bis er vor mir stand. Er blickte mich an, ohne eine Miene zu verziehen, und streckte mir fordernd seine Hand entgegen. Eingeschüchtert reichte ich ihm die Papiere, die ich in einem Brustbeutel bei mir trug. Während er diese skeptisch durchblätterte, schaute er mich immer wieder prüfend an. Schließlich gab er mir die Dokumente zurück, wandte sich von mir ab und ging weiter.

Die ganze Situation wirkte sehr bedrohlich und ich war überaus erleichtert, als sich der Zug nach einer gefühlten Ewigkeit endlich wieder in Bewegung setzte. Mit einem Mal wurde es wieder belebter im Abteil und ich konnte das Aufatmen aller Passagiere deutlich spüren.

Jetzt, nachdem wir die Grenze überquert hatten, änderte sich die Landschaft hinter dem Fenster erneut. Ich war erstaunt darüber, dass kaum ein Haus frisch gestrichen wirkte. Zudem waren nur wenige Autos auf den Straßen unterwegs und die, die ich sah, schienen alle dem gleichen Modell zu entsprechen.

Dann, endlich, quietschten die Bremsen und der Zug kam in Weimar zum Stehen. Kaum hatte ich den Fuß auf den Bahnsteig gesetzt, sah ich meinen Großonkel Louis. Als er mich erblickte, lief er sogleich mit einem breiten Lächeln und offenen Armen auf mich zu.

Louis war auf seinem alten BMW-Motorradgespann mit Beiwagen gekommen, das er vor dem Bahnhof abgestellt hatte.

Als ich mit ihm aus dem Bahnhof trat und das für mich etwas seltsam wirkende Gefährt sah, fragte ich etwas erschrocken: »Mit dem?« »Ja, mit ihr!«, antwortete Louis, »komm, steig schon ein, du wirst sehen, die alte Dame ist einfach grandios.« Und das war sie wirklich! Auf der Fahrt von Weimar hinauf ins Dorf – entlang einer von hohen Fichten und Tannen gesäumten kurvenreichen Straße und begleitet vom tiefen Knattern des Motorrads – fühlte ich mich, als säße ich in einer kleinen Rakete, die mich in eine unbekannte Welt katapultiert.

Als wir den Rand des dichten Nadelwaldes hinter uns gelassen hatten, breitete sich vor meinen Augen eine herrliche, helle und hügelige Landschaft aus Wiesen und Feldern aus. Mitten in dieser wunderschönen Idylle bogen wir rechts ab, wo in einer leichten Senke das kleine Dorf auftauchte. Die urigen Bauernhäuser mit ihren wunderschönen Gärten und den verschieferten Fassaden schmiegten sich an ein altes Schloss, vor dem mächtige Linden standen. Die Wege in Eyba bestanden aus Sand und Kieselsteinen und nirgendwo waren Autos zu sehen. Stattdessen spazierten Hunde, Katzen, Hühner, Enten und Gänse frei herum. Es fühlte sich für mich an, als wären Louis und ich zurück in eine längst vergangene Epoche gereist. Und doch wirkte alles im Dorf vom ersten Augenblick an so vertraut und stimmig für mich, als wäre ich nicht das erste Mal, sondern schon oft hier gewesen und gehörte dazu.

Louis lenkte das tuckernde Motorrad durch ein hohes Holztor in die offen stehende Scheune des heimeligen Hofes. Als Erna, Louis' Frau, uns kommen sah, eilte sie die Treppe zu uns hinunter, blieb mit ihrem so herzlichen Lächeln vor mir stehen und begrüßte mich mit den Worten: »So schön, dass du hier bist!«

Ich wusste aus Erzählungen, dass die beiden, seitdem ihr einziger Sohn vor vielen Jahren nach Hamburg ausgewandert war, alleine in dem kleinen Häuschen lebten. Zu ihrem idyllischen Zuhause gehörten noch eine Scheune, ein Stall und ein herrlicher Garten. Genau genommen wohnten sie eigentlich nicht wirklich nur zu zweit, denn es gab, neben etlichen Hühnern und einem golden schimmernden Hahn, noch vier Schweine und zwei Ziegen, denen Louis alle einen Namen gegeben hatte und die täglich im Hof herumtollen durften.

Während dieser Wochen war ich mit Louis jeden Tag von früh bis spät im Wald, auf den Feldern, im Dorf oder bei den Tieren im Stall. Auf unseren täglichen Exkursionen machte ich eine Entdeckung nach der anderen, und wenn ich am Abend Erna aufgeregt darüber berichtete, erzählte mir Louis die dazugehörige Geschichte. Es waren wundervolle Erzählungen, die mich lehrten, dass alles von dem, was wir tagtäglich erkundeten, eine Aufgabe hatte und wichtiger Teil dieser facettenreichen und naturnahen Welt war.

Die Welt von Erna und Louis war so viel lebendiger, echter und wirklicher, als ich es von zu Hause kannte. Jeder Tag brachte neue aufregende Geschichten mit sich und hat damit meine Kindheit so ungeheuer bereichert, dass ich die Zeit bei den beiden für nichts in der Welt eintauschen würde.

Und obwohl jeder einzelne Tag seine eigene Magie und einzigartige Schönheit besaß, gab es diesen einen, der all die anderen noch übertraf. An jenem besonderen Morgen hörte ich beim Aufwachen durch das offen stehende Fenster, dass Louis bereits im Stall bei den Tieren war. Gleich sprang ich aus dem Bett, zog mich an und rannte die schmale Treppe hinunter in den Hof, um nach Louis zu suchen. Plötzlich erschreckte mich eine Libelle, die dicht an meinem Gesicht vorbeiflog und auf dem kleinen Holztürchen landete, das den Garten vom Hof trennte. Vorsichtig näherte ich mich ihr und betrachtete ihren wunderschönen Körper, der im Sonnenlicht in einem intensiven, metallischen Blau brillant leuchtete. Einzelne schwarze Bänder unterbrachen das glitzernde Blau und verliehen ihr ein wunderschönes Muster. Ihre Flügel waren fast durchsichtig und schimmerten dennoch in gold- bis dunkelbraunen Farben. Nach einer Weile erhob sie sich unvermittelt, schwebte noch einige Sekunden direkt vor meinen Augen in der Luft und eilte schließlich mit schnellen Flugbewegungen davon – unter einem mit weiß-roten Rosen bewachsenen Holzgeflecht, das wie ein kleiner Tunnel durch den Garten führte. Ich war so hingerissen von ihren Flugkünsten, dass ich meine Arme ausbreitete und versuchte, ihre Bewegungen nachzuahmen, um so wie sie, mit schnellen Flügelbewegungen und unerwarteten Richtungswechseln, unter der von Kletterrosen bedeckten Holzstruktur hindurchzufliegen.

Als ich inmitten meines Fluges sah, wie die Sonnenstrahlen mit den Blättern und Blüten zu spielen schienen, auf ihnen funkelten und glitzerten, verfiel ich in eine Art Traum und wurde

Teil dieses Spiels. Und gleich der Libelle zuvor, die in ihrem geschäftigen Flug unvermittelt ruhte, überkam nun plötzlich auch mich unter der Rose eine wundersame Stille. Es war, als würde die Zeit selbst einen Moment innehalten. Betörend fiel der Duft der Rosen zu mir herab und legte sich wie ein Seidenschleier sanft über mich. In dem Moment, als er mich völlig umhüllt hatte, lösten sich alle Fesseln, die mich bis dahin noch gehalten hatten. Die reine, unverfälschte Verbindung zu mir selbst und zur Welt um mich herum, die mir die Rose in diesen Augenblicken offenbarte, war von solch überwältigender Schönheit, dass es nichts Größeres mehr in meinem Leben geben sollte, als zu diesem Gefühl zurückzufinden.

Der Nebel, der sich bislang um mich herum ausgebreitet hatte, war verflogen und so konnte ich die unbeschreibliche Schönheit, die allem Existierenden innewohnt, erkennen. Ich begriff, dass das Leben einen tieferen Sinn hat und dass es sich lohnt, nach einem Polarstern, einem inneren Kompass zu suchen, der uns den Weg weist.

Das Geschenk, das mir das Leben an diesem besonderen Tag meiner Kindheit bescherte, würde ich, wenn ich es mit nur einem Wort beschreiben müsste, als »Verbundenheit« bezeichnen. Während ich in diesem wundervollen Tagtraum versank, löste sich die Zerrissenheit, unter der ich schon damals litt, ohne sie auch nur zu erahnen, auf. Die Verwirrung, die mich begleitet hatte, verwandelte sich zurück in Klarheit und ermöglichte eine tiefe Verbindung zwischen meiner inneren Welt und der äußeren Wirklichkeit. Ich spürte, wie die Energie des Lebens wieder ungehindert in mir pulsieren durfte – und auch zwischen mir und der Welt.

In den Jahren nach diesem tiefgreifenden Erlebnis wurde mir bewusst, dass das verloren gegangene Gespür für uns selbst mit dem Verlust unserer Verbindung zu allem anderen einhergeht. Je mehr wir uns selbst verlieren, desto anfälliger werden wir für Täuschungen und übernehmen Ansichten und Meinungen, die nicht mit unserem inneren Wesen übereinstimmen. Es scheint, als würde der Mangel an Selbstreflexion und Selbstwahrnehmung ein Vakuum schaffen, das Raum für eine in die Irre führende Identität öffnet.

Diese trügerische Identität ist letztlich nichts anderes als ein Fremdkörper, der sich in uns einnistet und uns durch die Wiederholung von Glaubenssätzen konditioniert – bis er sich ganz in uns festigt und unsere wahre Essenz und unseren Lebenszweck verdrängt. Sobald wir uns im Streben nach Anerkennung und Zuneigung dazu verführen lassen, ein Leben zu führen, das den Erwartungen anderer entspricht und nicht unserem eigenen Wesen, verlieren wir den Kontakt zu unserem wahren Selbst. Wir enden damit, ein fremdes Leben zu leben, während unser eigenes, authentisches Leben unbemerkt an uns vorbeizieht. Die Verstrickung mit einer falschen Identität nimmt uns zunehmend die Fähigkeit, uns selbst zu spüren. Mit dem Verlust an Sensibilität für unser eigenes Inneres verlieren wir auch das Mitgefühl für andere. Im Zustand einer solchen Selbstentfremdung sind Menschen anfällig für Handlungen, die sie bei ausreichender Selbstreflexion niemals begehen würden.

Totalitäre Regime wie jene unter Hitler und Stalin haben diese Zusammenhänge in der Geschichte auf schreckliche Weise verdeutlicht. Welche Folgen die Unterdrückung und die Missachtung von Individualität und Freiheit des Einzelnen haben können, sollten wir uns immer wieder vor Augen führen, um Intoleranz schon im frühen Stadium entgegenzuwirken. Allein die zahlreichen historischen Beispiele sollten uns ermahnen, die Gefahren zu erkennen, die sich auftun, wenn wir die Individualität und die Rechte des Einzelnen nicht respektieren und schützen.

Leider schränken autokratische Systeme auch gegenwärtig die individuelle Entfaltung und Meinungsfreiheit vieler Menschen ein, indem sie ihre eigenen Ziele und Ideologien über das Wohl und die Rechte der Bürgerinnen und Bürger stellen. Sie schaffen eine Atmosphäre der Angst, Unterdrückung und Gewalt.

Ist es angesichts solcher Beispiele nicht erschreckend zu erkennen, wie leicht wir als Menschen in Verblendung geraten können, obwohl wir doch die Auswirkungen der Täuschungen überall um uns herum beobachten?

Unzureichende Selbstwahrnehmung kann uns in ein Netz aus Unsicherheit und Orientierungslosigkeit treiben. Anstatt den Weg zurück zu sich selbst zu suchen, neigen viele dazu, ihre inneren Defizite durch Macht, Ruhm, Anerkennung, Popularität oder Reichtum zu kompensieren. Solche Irrwege erweisen sich oft als äußerst fragil, da sie nicht in unserem inneren Wesen verwurzelt sind, sondern von materiellen Werten oder der Zustimmung anderer abhängen.

Wenn wir hingegen unsere wahren Leidenschaften entdecken und leben, sind wir zutiefst erfüllt und finden Gelassenheit, Hoffnung und Zuversicht auch dann, wenn der materielle Erfolg bescheiden bleibt oder andere uns nicht unterstützen wollen. Denn wenn wir zu uns selbst gefunden haben, wird uns unser innerer Polarstern den Weg weisen.

Durch die Befreiung unserer Persönlichkeit und das Überwinden falscher Überzeugungen finden wir nicht nur zu einem erfüllten Leben, wir können auch eine tiefgreifende positive Veränderung in unserer Gesellschaft und der Welt bewirken. Als authentische Persönlichkeit haben wir die Möglichkeit, anderen Menschen dabei zu helfen, sich ebenfalls von den Fesseln der Illusion zu lösen und ihr volles Potenzial zu entfalten. Wir reifen zu mitfühlenden, toleranten und verantwortungsbewussten Akteuren heran, die dazu beitragen können, das von Menschen verursachte Leid zu beenden.

Der Weg zu unserem Polarstern beginnt mit dem Schritt zu uns selbst. Um unseren Polarstern zu erspüren, ist es entscheidend, eine tiefe Selbstreflexion zu entwickeln und uns von allem zu lösen, was unseren inneren Wesenskern über die Jahre verdeckt hat. Unsere Suche nach einer Antwort auf die Frage, wer wir in Wirklichkeit sind und in welchem Verhältnis wir zur äußeren Wirklichkeit stehen, verrät uns, dass wir unseren Weg bereits gefunden haben. In einer Gesellschaft, die uns ununterbrochen mit Nachrichten und banalen Oberflächlichkeiten überhäuft, ist es umso wichtiger, diesen Ablenkungen zu widerstehen, um aus der Verwirrung herauszutreten und zu einem Zustand innerer Klarheit und Ruhe zurückzufinden. Damit das gelingt, sollten wir uns täglich Zeit nehmen, ganz für uns, Momente, in denen wir uns dem gegenwärtigen Augenblick vollständig hingeben können, sei es bei einem Spaziergang in der Natur oder beim Hören von Musik, frei von jeglicher Ablenkung. Wenn wir dabei uns selbst entdecken, gewinnen wir einen höheren Grad an Bewusstheit und Mitgefühl. Wir beginnen damit, uns in uns und in das Leben zu verlieben. Wir erkennen, dass der Weg zu uns selbst unweigerlich zur Verbundenheit mit allem, was existiert, führt.

Im unschuldigen Augenblick der ersten Begegnung
ist die Seele unverhüllt.
Für einen Moment – für die Ewigkeit.
Doch im schillernden Gewand trägt der
eisige Wind den Dieb herbei.
Du bist ich und ich bin du,
und was ich bin, das willst du sein.
Gefangen im Kokon, die Flügel gebrochen,
Tag für Tag der Seele beraubt.
Doch gleich dem ersten Augenblick
ist auch die Stunde unseres Todes unverhüllt.
Der Kokon zerreißt.
Was bleibt, bist du, bin ich.

Emilio

KAPITEL 3

Verschleierte Wahrheiten:
Die schmerzlichen Folgen von Unaufrichtigkeit
in Beziehungen

Mit wachsender Selbstreflexion schärfen sich unsere Sinne, sodass die Signale unseres Leitsterns immer klarer zu uns durchdringen. In seinem Licht entdecken wir die universellen ethischen Prinzipien, die – in Resonanz mit unseren Handlungen – unsere Zukunft formen. Wir erkennen die große Bedeutung von Aufrichtigkeit, die uns zu Vertrauen in uns selbst führt und durch die wir an Glaubwürdigkeit in den Augen anderer gewinnen. Sie ist es, die uns von den Irritationen befreit, die in unserer Vergangenheit geboren wurden, denn unsere Erinnerungen werden nicht weiter von Wünschen, Ängsten und Sorgen verfälscht, da sie dem Pfad der Wahrheit folgen. Und auch dann, wenn wir unsere wahren Gefühle und Absichten verbergen, um eine Beziehung oder auch nur die augenblickliche Stimmung nicht zu belasten, geraten wir schnell in eine Spirale aus Unwahrheiten, die letztlich anderen und uns Leiden bringen wird. Es ist schlicht kontraproduktiv, Hoffnungen aufrechtzuerhalten, wenn wir insgeheim wissen, dass wir sie nicht erfüllen können.

Diese Erkenntnis reifte in mir, nachdem ich meine erste Liebe verlor und mich auf der Suche nach neuem Glück über Jahre hinweg in Täuschungen verstrickte. Dann aber offenbarte sich mir, dass Aufrichtigkeit zu anderen wie auch zu uns selbst der einzige Weg ist, um denjenigen zu finden, der wirklich zu uns passt – einen Menschen, bei dem wir uns nicht verbiegen müssen, weil unser wahres Sein mit ihm in Resonanz steht.

Sommer 1972. Die Schulferien waren vorbei, und am ersten Tag des neuen Schuljahrs bemerkte ich neben den bekannten Gesichtern auch einige neue Schüler, die aus einer Nachbargemeinde zu uns gestoßen waren. Es war die Zeit, als der Babyboom der Nachkriegszeit die Schülerzahlen so in die Höhe trieb, dass eine Verteilung unter den Gemeinden notwendig wurde.

Für mich war diese unerwartete Veränderung ein glücklicher Umstand, denn wir waren gerade von der Stadtmitte in das neue Industriegebiet gezogen. Das Zentrum, in dessen Umgebung meine Schulfreunde wohnten, war nun etliche Kilometer von unserem neuen Zuhause entfernt. Von der Wohnsiedlung der Neuzugänge trennten mich hingegen nur eine Wiese und ein paar Felder.

Von da an verbrachte ich fast jeden Tag mit ihnen und ihren Freunden an einem kleinen Platz inmitten ihrer Wohnanlage, der für uns als Jugendtreffpunkt diente. Zu dieser Zeit fuhr fast jeder von uns ein Mofa oder Moped. Stundenlang bastelten wir an ihnen herum, um sie schneller und schöner zu machen. Stolz fuhren wir dann mit unseren getunten Maschinen zum Treffpunkt und setzten uns lässig auf die Lehnen der Bänke oder ins

Gras. Wir plauderten, tranken hin und wieder süßen Erdbeer-
sekt oder anderes komisches Zeug, während wir eine Zigarette
nach der anderen rauchten. Mit meinen Freunden konnte ich
tagelang über spezielle Vergaser, bessere Übersetzungen, besondere Auspuffe, Rennverkleidungen oder spezielle Lenker
diskutieren, ohne auch nur ein wenig an Begeisterung einzu-
büßen.

Dann aber kam der Tag, an dem ich Nina dieses unglaublich
süße Mädchen, zum ersten Mal sah und sich alles zu verändern
schien. Denn von diesem Moment an konnte ich an nichts anderes mehr denken als an sie. Nie zuvor hatte mich irgendetwas
so angezogen, wie sie es tat, und ich überlegte unentwegt, wie
ich sie auf mich aufmerksam machen könnte. Doch immer,
wenn sich eine Gelegenheit bot, war ich von der plötzlich auf-
tauchenden Chance so überwältigt, dass ich wie versteinert war
und keinen Ton herausbekam.

Und so ging es den ganzen Sommer 1972 weiter, Tag für Tag ver-
ging, ohne dass ich ihr auch nur einen Schritt nähergekommen
war. Die Angst, dass sie meine Gefühle womöglich nicht er-
widern würde, hatte mich fest im Griff und durchpulste meine
Adern, sobald ich sie sah, wie ein lähmendes Gift. Abend für
Abend lag ich enttäuscht und verzweifelt im Bett und tröstete
mich mit dem Gedanken, dass, solange alles im Geheimen blieb,
ich zumindest in meinen Träumen bei ihr sein durfte und die
Hoffnung behielt, irgendwann wirklich mit ihr zusammenzu-
kommen. Manchmal malte ich mir sogar aus, sie und ich wären
allein auf der Welt, und in meiner Fantasie fanden wir uns in

einer menschenleeren Umgebung und lebten voller Glück bis an unser Lebensende zusammen.

Doch plötzlich zerbrach mein Traum in einem einzigen Moment, als ich sie an jenem verhängnisvollen Spätsommernachmittag eng umschlungen mit einem anderen Jungen sah. Im selben Augenblick nahm ein brennender, beißender Schmerz Besitz von mir, während ich wahrnahm, dass sie schlagartig so unendlich weit entfernt von mir war. Meine Gedanken wirbelten wild durcheinander, und ein Gefühl der Verlegenheit und Frustration ergriff mich. Ich wollte nur noch weg, weit weg von diesem Ort, und nie mehr zurückkehren. Leer und entmutigt trottete ich wie ein verwundeter Krieger nach Hause und schloss mich in meinem Zimmer ein, das ich am liebsten nie mehr verlassen hätte. Wozu auch? Es gab für mich niemanden, mit dem ich über meinen Schmerz hätte sprechen können, und so quälte ich mich durch die Tage und sprach kaum ein Wort. Es dauerte Wochen, bis ich endlich wieder Kraft schöpfte und den Mut fand, an den alten Treffpunkt zurückzukehren. In den Wochen der Verlorenheit und inneren Leere hatte ich genügend Distanz zu Nina aufgebaut. So hatte die Wunde, die sich bei ihrem Anblick mit dem anderen Jungen in meinem Inneren aufgetan hatte, heilen können.

Zunächst blieb sie aus, doch nach einigen Tagen erschien auch sie spät nachmittags am Treffpunkt. Ich erkannte sie bereits von Weitem und atmete auf, als ich sah, dass sie allein war. Als sie näherkam, spürte ich, wie sich die Leere, von der noch immer etwas in mir zurückgeblieben war, allmählich in Zuversicht wandelte. Sie lief direkt auf mich zu, setzte sich neben mich und fragte, wo ich denn die letzten Wochen gewesen sei. Dass sie nun so unvermittelt neben mir saß und scheinbar nur mich beachtete, war so ergreifend für mich, dass ich erneut kein einziges Wort hervorbringen konnte. Und doch war es dieses Mal ganz anders als die vielen Male zuvor. Irgendwie bedurfte es in dem Augenblick, als ich sie still anlächelte, keiner Worte. Ich bekam dennoch Angst, dass sie womöglich von meiner erneuten Sprachlosigkeit irritiert sein könnte, doch dann verrieten mir ihre Augen, dass sie meine tiefen Gefühle für sie erahnte und dass auch sie mehr für mich empfand, als ich zu hoffen gewagt hatte.

Wir saßen eine ganze Weile wortlos nebeneinander und schauten uns immer wieder lächelnd an, bis sie ihre Hand sanft über die meine legte. Plötzlich stieg in mir ein Gefühl auf, als hielte die Welt den Atem an, und die Stille, die uns in diesem einen Moment umgab, half mir den Mut zu finden, sie liebevoll zu umarmen. Als unsere Augen sich erneut trafen, gefangen im Zauber jugendlicher Aufregung, zögerten wir keinen Augenblick und unsere Lippen berührten sich in einem zarten, unschuldigen ersten Kuss. Wir blieben noch den ganzen Abend bis tief in die Nacht zusammen, und ja, in diesen Stunden schienen wir tatsächlich allein auf der Welt zu sein.

Von da an begannen Tage, Wochen, Monate und Jahre voller überwältigender Emotionen, die wir beide zusammen erfahren durften. Während ich diese Zeilen schreibe, sehe ich unsere gemeinsame Zeit wieder so klar und deutlich vor mir. Ich erblicke die Wolken, die über uns hinwegzogen, und den blauen Himmel dazwischen, als wir im hohen Gras lagen. Ich spüre, wie ihre glänzenden, dunkelblonden Haare mein Gesicht sanft berührten und habe jene blaugrünen Augen und ihr süßes Lächeln so deutlich vor mir. Jede Stunde mit ihr war so unbeschreiblich schön, weil sie meine erste Liebe war und ich die ihre. Wir haben die Liebe gemeinsam entdeckt und uns von ihr forttragen lassen in eine zauberhafte Welt, in der wir nur uns gehörten und in der sie mir das Gefühl schenkte, für das geliebt zu werden, was ich im Innersten bin.

Als wir fast drei Jahre ein Paar waren, lernten wir einen Jungen kennen, der scheinbar Interesse an uns hatte. Genau genommen interessierte er sich für Nina, was mich jedoch nicht wirklich störte, da ich merkte, dass sie ihn als Mann gar nicht wahrnahm. Er war einige Jahre älter als ich, hatte bereits ein Auto und stand kurz vor seinem Abitur.

Eines Tages gewann er überraschend eine einwöchige Reise nach London bei einem Wettbewerb in seiner Schule und fragte mich, ob ich mitkommen wolle. Bis dahin war ich noch nie alleine ins Ausland gereist, und da auch Nina nichts dagegen hatte, sagte ich zu.

London 1974 war eine unglaublich faszinierende und lebendige, riesige Stadt. Die Carnaby Street war voll von Einzelgeschäften, die die modischen Trends jener Jahre in allen Facetten widerspiegelten. Tatsächlich kaufte ich mir damals metallicblaue Plateauschuhe und eine Jeansjacke mit grellem Blumenmuster.

In Deutschland wäre ich damit wie ein Alien aufgefallen, aber hier in London war es einfach nur Teil dieser gelebten neuen modischen Freiheit. London war deutlich toleranter und offener für Neues, als ich es von Deutschland in dieser Hinsicht gewohnt war. An Treffpunkten wie dem Piccadilly Circus und im Hyde Park trafen sich junge Leute aus allen Nationen, und ja, man hatte den Eindruck, dass eine tiefgreifende gesellschaftliche Veränderung bevorstand. Eine ganze Generation schien sich von den psychedelischen Einflüssen der Zeit inspirieren zu lassen und sich endgültig befreien zu wollen. Dabei spielte Musik, die die ganze Stadt in gewisser Weise durchdrang, eine bedeutende Rolle. Bands wie die Beatles, die Stones und viele andere hatten ihre prägenden Spuren hinterlassen. Überall gab es Konzerte, etwa im Crystal Palace, wo ich an diesen Tagen Yes und Procol Harum erlebte. In jedem Stadtteil hatten sich angesagte Diskotheken etabliert, darunter etwa das Tiffany's oder auch der Speakeasy Club.

Das lebhafte und aufregende Umfeld in London ließ mich in diesen Tagen die enge Bindung zu Nina etwas vergessen. Die hübschen Mädchen überall, die oft in Gruppen unterwegs waren und aus verschiedenen Teilen Europas kamen, waren ausgelassen und verdrehten mir den Kopf. Wenn wir abends in die Diskotheken zum Tanzen gingen und mit einer von ihnen die Chemie stimmte, konnte es rasch zu einer leidenschaftlichen körperlichen Nähe kommen. Und so erging es mir an fast allen Abenden. Mein Freund hatte leider weniger Glück bei den Frauen, was mir aufrichtig leidtat, denn er sehnte sich so sehr danach.

Als wir mit der Bahn zurückkreisten, hatte ich gegenüber Nina ein schlechtes Gewissen. Ich fragte mich, ob ich ihr davon erzählen sollte oder ob es besser wäre, es zu verschweigen. Mit gemischten Gefühlen fuhr ich auf meiner Zündapp zu ihr. Doch als ich vor ihr stand, war mir der vermeintliche Freund bereits zuvorgekommen und hatte ihr alles erzählt. Ich bat sie um Entschuldigung und fragte sie, ob wir es nicht nochmals versuchen sollten, doch sie wollte mir nicht verzeihen und erklärte, dass ihre Entscheidung, unsere Beziehung zu beenden, endgültig sei. In den Wochen zuvor hatte es zwischen uns schon ein wenig gekriselt und vielleicht habe ich deshalb so schnell aufgegeben und sie damit verloren. Was auch immer dieser falsche Freund gesagt hat, es war nur ein kleiner Teil der Wahrheit, denn alles, was ich in London erlebte, war nicht vergleichbar mit dem, was ich für Nina empfand, und viel mehr als Küssen war es am Ende nicht. Dem Jungen, der mich nach England einlud, würde ich am liebsten heute noch die Meinung über sein fieses Verhalten sagen, aber ergibt das heute, fünfzig Jahre danach, noch Sinn? Wohl eher nicht!

Jahre später sah ich Nina nur einmal kurz auf dem Parkplatz eines Einkaufszentrums. Sie hatte mich erkannt, war mit einem Mann an ihrer Seite unterwegs und kam auf mich zu. Leider war ich von der Situation so überrascht, dass ich mir kaum Zeit nahm, ein paar Sätze mit ihr zu wechseln, was ich später sehr bereute. Ich wünschte, ich wüsste mehr darüber, was sie heute macht und wie es ihr im Leben ergangen ist. Auch wenn unsere Liebe so abrupt endete, waren die Jahre mit ihr etwas ganz Besonderes für mich, denn ich wusste von da an, wie es sich anfühlt, wirklich zu lieben und wirklich geliebt zu werden.

Nach der Trennung von Nina vergingen einige Jahre, bis ich mich wieder auf Beziehungen mit Frauen einlassen konnte. Allerdings entstanden diese Beziehungen nicht aus derselben emotionalen Intensität, die ich mit Nina erlebt hatte, und das war auch der Grund, warum ich nicht an ihnen festhalten konnte. Die Verhältnisse ergaben sich mehr aus Wünschen und auch Ängsten vor dem Alleinsein. Leider gelang es mir nicht, mehr daraus zu machen, und auch nicht, offen mit den Frauen darüber zu sprechen.

Die Verunsicherung, die sich durch meine anhaltende Distanz nach einiger Zeit immer wieder zeigte, war meist sehr bedrückend und verletzend für sie. Da ich ihnen einerseits keinesfalls wehtun wollte, aber andererseits mich auch nicht über meine Gefühle hinwegsetzen konnte, erfand ich irgendwelche Ausreden, um meinen plötzlichen emotionalen Abstand zu erklären. Wenn ich spürte, dass sie noch immer verunsichert oder traurig zurückblieben, machte ich ihnen Hoffnung, indem ich sagte, es handle sich wahrscheinlich nur um eine vorübergehende emotionale Krise bei mir. Gleichzeitig wusste ich aber: War die Zuneigung, die ich am Anfang jeder Beziehung spürte, einmal verblasst, würde sie sehr wahrscheinlich nicht mehr aufleben. Ich machte ihnen Hoffnung, obwohl ich wusste, dass sich diese nie erfüllen würde. Das war einer meiner größten Irrtümer, denn in Wahrheit verletzte ich sie durch dieses Verhalten nur noch mehr und am Ende waren sie zutiefst enttäuscht von mir und das völlig zu Recht, da ich mit ihren Gefühlen gespielt hatte, wenn auch ohne es zu wollen.

Heute weiß ich, wie wichtig es ist, eine klare Sprache zu sprechen und vor allem keine Versprechungen zu machen, die man später nicht mit hundertprozentiger Sicherheit einhalten kann.

Erst acht Jahre, nachdem ich Nina verloren hatte, begegnete mir doch noch die Frau meines Lebens, mit der ich nunmehr seit über vierzig Jahren glücklich bin und eine wunderbare Familie habe. Das, was uns einst zusammenführte und noch immer zusammenhält, liegt auf einer tieferen Ebene, wie es auch bei Nina der Fall war. Nähme man an, dass es gemeinsame Eigenschaften sind, die Menschen miteinander verbinden, stünden unsere Chancen eher schlecht. Während sie spät zu Bett geht und morgens erst später aufsteht, bin ich müde, sobald die Sonne untergeht, und schon am frühen Morgen hellwach. Sie liebt Kälte und neblige Novembertage, während ich die Wärme und den Sommer bevorzuge. Eine solche Gegenüberstellung an Gegensätzen zwischen uns könnte ich endlos weiterführen. Doch trotz unserer Unterschiede besteht von Beginn an zwischen uns, auch nach über vierzig Jahren, eine sich nicht verändernde, tiefere emotionale Verbindung.

Und gerade weil diese Unberechenbarkeit für gelungene Liebesbeziehungen zu gelten scheint, dürfte es mehr als schwer sein, den richtigen Partner etwa über eine Agentur zu finden. Die Vorstellung, nach einem Lebenspartner zu fahnden, als handle es sich um eine polizeiliche Räuberjagd, erscheint mir an sich schon grundlegend verfehlt. Einer solchen Herangehensweise liegt die Annahme zugrunde, dass man Menschen, die mit uns resonieren, anhand einer Beschreibung finden könne, ähnlich einer Fahndungsliste. Das erste Treffen gleicht häufig einem

Bewerbungsgespräch. Wenn man sich einmal auf diese Methode eingelassen hat, sieht man sich rasch einer riesigen Auswahl möglicher Partner gegenüber, weshalb ein Date das nächste jagt. Es scheint aktuell sogar Mode zu sein, solche Verabredungen an einem einzigen Tag zu bündeln und mehrere Dates nacheinander zu planen. Im Nachgang tauscht man sich oft über Wochen hinweg über Chats aus. Es ist mittlerweile keine Seltenheit mehr, dass Menschen auf diesem Weg gleichzeitig mit zig Kontakten in Verbindung stehen.

Den einen Menschen, nach dem wir uns innerlich sehnen, finden wir nur auf einer tieferen, intuitiveren Kommunikationsebene. Demnach müssen wir die Signale erkennen lernen, die uns unser Herz immer dann sendet, wenn der richtige Mensch uns begegnet. Und dabei ist es keineswegs so, dass wir die Stecknadel im Heuhaufen suchen müssen; bei genauerem Hinsehen scheint es eher so zu sein, dass sich die Wege potenziell zueinander passender Menschen durchaus häufig kreuzen. Allerdings übersehen wir diese Chancen regelmäßig, denn solange wir uns selbst nicht gefunden haben, kann sich unser Herz nicht vollständig öffnen und uns zu dem Menschen führen, mit dem wir wahrhaftig resonieren. Es sind diese innere Klarheit und die Akzeptanz unserer selbst, die den Weg für tiefere, authentische Verbindungen mit anderen ebnen.

Und somit können wir auch hier unserem inneren Polarstern folgen, der aus dem Dunst hervorleuchtet, sobald wir in innerer und äußerer Aufrichtigkeit leben. Dieser wertvolle Kompass lässt sich nicht nur in Liebesbeziehungen, sondern in all unseren menschlichen Kontakten kultivieren. Indem wir konsequent aufrichtig sind und weder Wahrheiten verschleiern noch falsche Hoffnungen wecken, finden wir Klarheit und Integrität sowohl für uns selbst als auch für die Menschen in unserem Umfeld.

Wenn wir um etwas gebeten werden und glauben, dass wir dieser Bitte nicht oder nur schwerlich nachkommen können, aber die Beziehung oder auch nur die aktuelle Situation nicht belasten wollen, neigen wir hin und wieder dazu, unsere wahren Absichten zu verschleiern. Am Ende wird jedoch die Enttäuschung durch die falschen Hoffnungen, die wir weckten, größer sein, als wenn wir von Beginn an die Wahrheit gesagt hätten.

Meine Erfahrung hat mich darüber hinaus gelehrt, dass es auch nicht ausreicht, in solchen Situationen einfach gar nichts zu sagen. Vielmehr ist es entscheidend, deutlich zu kommunizieren, wenn wir einem Wunsch oder Ansinnen nicht nachkommen möchten oder können.

Und selbst dann, wenn ich dem an mich herangetragenen Anliegen entsprechen möchte, aber noch unsicher in meiner Entscheidung bin, antworte ich heute in etwa so: »Lass mich darüber nachdenken. Ich kann es dir jetzt nicht zusagen oder dir Hoffnung machen, weil ich selbst nicht sicher weiß, ob ich mein Versprechen einhalten kann.«

Die Vermutung, dass Menschen durch dieses ehrliche Vorgehen enttäuscht würden, trifft meist nicht zu. Im Gegenteil sind sie oft dankbar dafür, dass man die Wahrheit sagt. Sollten wir uns letztlich gegen ihr Ansinnen entscheiden, werden sie Verständnis dafür haben und sich daran erinnern, dass wir nichts versprochen haben, weil wir uns noch im Unklaren waren. Ehrlichkeit und Offenheit führen immer zu einem besseren Verständnis, zu einer respektvolleren Beziehung und zu Glaubwürdigkeit.

Um unsere tiefen Wünsche, Träume und Leidenschaften zu entdecken, müssen wir den großen Wert der Aufrichtigkeit erkennen und zur Grundlage jeder unserer Handlungen werden lassen. Und wenn wir unsicher darüber sind, ob etwas wirklich unserem reinen Sein entstammt oder von einer äußeren Quelle suggeriert wurde, bitten wir in einem morgendlichen Gebet das Universum um Klarheit.

Quelle der Wahrheit, kläre meinen Geist und mein Herz.
Gib mir Klarheit in meinen Gedanken und in meinem Handeln. Lass mich die Welt mit den Augen des ersten Mals sehen,
frei von Verwirrung und Zweifel.
Führe mich auf den rechten Pfad des steten Wandels zur Erfüllung meiner tiefen Sehnsüchte und Wünsche, damit ich in deinem Licht reifen kann.
Lehre mich, die Wahrheit in mir und um mich herum zu erkennen und danach zu leben. Amen

Emilio

KAPITEL 4

Verantwortung übernehmen:
Selbsttäuschung vermeiden, das Ganze sehen

Wenn wir uns fragen, was den größten Einfluss auf unser Leben besitzt, stoßen wir unweigerlich auf die entscheidende Rolle von Informationen. Es erfüllt mich jedes Mal aufs Neue mit Erstaunen, wenn mir bewusst wird, dass Informationen das Fundament all unserer Erfahrungen darstellen. Jedes Detail, das wir wahrnehmen, jede Emotion, die wir fühlen, und jede Entscheidung, die wir treffen, hat ihren Ursprung in diesen feingranularen Strukturen.

Unsere Augen etwa erfassen kontinuierlich eine Fülle an elektromagnetischen Wellen und wandeln sie in elektrische Impulse um, die über unseren Sehnerv an unser Gehirn weitergeleitet werden. Diese Impulse ermöglichen es unserem Gehirn, uns die Welt als einen 3-D-Farbfilm, in dem wir selbst die Hauptrolle spielen, in Echtzeit zu präsentieren. In ähnlicher Weise verarbeitet unser Gehirn die Signale der Nervenzellen unserer Haut, um uns Einblicke in Druck, Temperatur und die Struktur eines Objekts zu vermitteln.

Letztlich lässt sich zusammenfassen, dass unser gesamtes Wahrnehmungsspektrum auf Botschaften basiert. Diese Informationen werden von unserem Gehirn in Form von elektrischen Signalen, Schallwellen, chemischen Substanzen sowie durch die Position und Bewegung unseres Körpers erfasst und uns verständlich gemacht.

Doch der Einfluss, den Informationen ausüben, reicht noch weit über die Wahrnehmung unserer selbst und der Welt um uns hinaus. Die Botschaften, die unser Gehirn aufnimmt und uns verständlich macht, sind keineswegs passiver Natur. Sie initiieren Prozesse und interagieren sowohl mit unserer Psyche als auch mit unserem Körper auf eine Weise, die unser Wohlbefinden maßgeblich beeinflussen und sogar über unser Überleben entscheiden kann.

Als Veranschaulichung dieses Gedankens kann man sich vor Augen führen, was geschieht, wenn ein Virus in unseren Körper eindringt. Dieses Virus stellt zunächst lediglich eine »Information« in Form von genetischem Material dar, kann jedoch in der Folge eine Kaskade an Reaktionen in unserem Körper auslösen, die weitreichende Konsequenzen haben. Allein die Nachricht, die das Virus in sich trägt, also seine RNA, ist in der Lage, die zelluläre Maschinerie der Wirtszelle zu kapern. Dabei werden die Ribosomen der Wirtszelle genutzt, um die Virusproteine zu produzieren, die für die Vervollständigung und Vermehrung des Virus notwendig sind.

Erst hier beginnt das tatsächliche Unheil. Die Wirtszelle wird quasi zu einer Virusproduktionsfabrik umfunktioniert, die kontinuierlich neue Viren produziert, bis die Zelle abstirbt und die neu produzierten Viren freisetzt, um weitere Zellen zu infizieren. Dieser Prozess kann eine erhebliche Belastung für den Organismus darstellen und zu schweren Krankheitssymptomen führen.

Wenn wir uns vergegenwärtigen, dass der Ursprung dieses potenziell tödlichen Verlaufs eine an sich harmlose genetische Sequenz ist, erkennen wir, wie tiefgreifend Informationen auf unser Leben einwirken.

Da diese Botschaften sowohl auf physischer als auch auf psychischer Ebene erheblichen Einfluss auf unser Leben nehmen, ist es von großer Bedeutung, so gut es geht Kontrolle darüber zu erlangen, welche Art von Informationen wir aufnehmen und welchen wir ausweichen sollten. Dies betrifft vor allem die Auswahl und Gestaltung unserer zwischenmenschlichen Beziehungen, bei denen wir entscheiden sollten, welche Personen wir in unser Leben lassen und welche wir besser meiden. Darüber hinaus sind Medienkonsum, die Auswahl kognitiver Stimuli und, wie ich meine, eben auch Informationen, die wir durch unsere Ernährung aufnehmen, von großer Bedeutung. Es gibt verschiedene wissenschaftliche Ansätze und Perspektiven, die darauf hindeuten, dass Nahrung auch immaterielle Informationen enthalten kann.

In der Quantenphysik wird beispielsweise diskutiert, dass alles in der Natur – und dazu zählen unser Bewusstsein, unser Körper und auch unsere Nahrungsmittel – aus subatomaren Teilchen und Energie besteht. Diese subatomaren Teilchen sind Träger von Informationen und können auf unterschiedliche Weise miteinander interagieren. Demnach liegt die Vermutung nahe, dass unserer Nahrung neben Kalorien, Mineralien und Vitaminen auch ein Informationsträger innewohnt, der beispielsweise Mitteilungen über das Leben des Tieres beinhaltet, dessen Fleisch wir essen.

Sollten wir diese Hypothese wirklich nur dann – und erst dann – ernst nehmen, wenn die Wissenschaft uns immaterielle Aspekte von Nahrung und deren Auswirkungen auf unseren Organismus bestätigt? Mir persönlich wäre es zu riskant. Denn wenn wir unser Verhalten erst dann ändern, wenn wissenschaftliche Validierungen in der Zukunft in der Lage sind, diese Informationen zu lesen, laufen wir Gefahr, bis dahin unbewusst erheblichen gesundheitlichen Risiken ausgesetzt zu sein.

Deshalb sollten wir jede uns zur Verfügung stehende Informationsquelle nutzen, um in diesem Punkt Klarheit und Erkenntnis zu erlangen. Dabei müssen wir uns keineswegs mit quantenphysikalischen, philosophischen oder esoterischen Theorien überfordern, denn auch hier können wir uns auf unseren inneren Polarstern verlassen. Dies gilt für die Einflüsse, denen wir uns öffnen, ebenso wie in Bezug darauf, wie wir uns ernähren sollten, damit die Nahrung, die wir zu uns nehmen, ihre heilende Wirkung entfalten kann. Um jedoch unseren Leitstern voll zur Geltung kommen zu lassen, müssen wir die Bereitschaft aufbringen, uns von Täuschungen und Desinformationen zu befreien.

Wie viele von uns wären noch bereit, einen Teil eines Kalbes, eines Schweins, eines Schafes oder eines anderen Tieres zu verzehren, wenn sie Zeuge des Schlachtprozesses würden und dabei erkennen könnten, dass es sich um empfindungsfähige Lebewesen handelt, genauso wie wir selbst? Und wie viele derjenigen, die den Verzehr dennoch befürworten, würden zurückschrecken, wenn sie die erbärmlichen Lebensbedingungen der Tiere in der intensiven Massentierhaltung, die ihnen verabreichten Medikamente und das Leid, das sie durchleben, mit eigenen Augen sehen würden? Ich vermute, nahezu alle von uns würden spüren, dass etwas an dem, was wir Tieren antun und ihnen absprechen, nicht richtig sein kann – und schon allein deshalb diesem Tierleid nicht weiterhin gleichgültig gegenüberstehen. Sobald wir uns der ganzen Grausamkeit, die viele Tiere erfahren, stellen, wird uns unser Polarstern ein deutliches Signal senden.

Für mich ist es immer wieder beeindruckend zu beobachten, wie stark unsere Einschätzungen davon abhängen, ob wir das Geschehen selbst in seiner vollen Realität erleben oder ob wir lediglich von Dritten informiert werden. Meist sind die Darstellungen externer Quellen unscharf, eingefärbt, unvollständig und manchmal auch falsch.

Hier zur Verdeutlichung ein Beispiel jüngeren Datums: Als vor einigen Jahren die Flüchtlingswelle Deutschland erreichte, breitete sich in der Bevölkerung eine große Verunsicherung aus. Auch in meinem persönlichen Umfeld gab es Menschen, die besorgt über die steigende Anzahl von Einwanderern waren. Die Ängste wurden durch die Berichterstattung in den Medien täglich geschürt. Diese Beobachtung kulminierte für mich in der Äußerung einer Bekannten, die erzählte, sie sei so verängstigt, dass sie bei der Begegnung mit einem Immigranten auf dem Bürgersteig aus Furcht vor einem möglichen Übergriff die Straßenseite wechsle.

Während dieser Zeit hörte ich im Radio von einem bemerkenswerten Projekt, das es sich zur Aufgabe gemacht hatte, persönliche Begegnungen zwischen Flüchtlingen und Einheimischen zu organisieren. Bereits nach dem ersten Treffen konnten die Organisatoren beobachten, wie sich die ursprünglich ablehnende Haltung aufgrund negativer Vorurteile in Hilfsbereitschaft wandelte. Plötzlich erhielten die Immigranten ein Gesicht und eine individuelle, vollständige Geschichte, die sie von bloßen Statistiken und Stereotypen unterschieden. Der direkte Austausch, bei dem die Flüchtlinge von ihren persönlichen Erfahrungen berichteten, die sie zur Flucht veranlassten, und den Risiken, die sie dabei eingegangen waren, führte zu einer grundlegenden Veränderung der skeptischen Haltung. Indem wir uns in die Lage anderer Menschen versetzen, öffnen wir uns für ein umfassenderes Verständnis einer Situation und entkommen der Einseitigkeit unserer eigenen Sichtweise.

Ein anderes Beispiel: Ein Autofahrer, der permanent genervt von den kreuz und quer fahrenden Radfahrern ist, könnte, um auch die Perspektive des Radfahrers in seine Überlegungen einzubeziehen, für einen Tag mit dem Fahrrad in der Stadt unterwegs sein. Ebenso sollte sich ein Radfahrer in ein Auto setzen, um den Blickwinkel der Autofahrer in einem von Radfahrern stark frequentierten Stadtteil besser nachvollziehen zu können. Dadurch wird beiden Seiten klar, welche Herausforderungen und Gefahren es zu bewältigen gibt. Durch die persönliche Erfahrung können sich Unverständnis und Aggression in Verständnis und Rücksichtnahme verwandeln.

Dass ein Mensch sich ausgeglichen und mitfühlend zeigt, kann leider nicht nur durch Nichtwissen und Fehlinformationen untergraben werden, sondern auch durch Traumatisierung. Als kleiner Junge widerfuhr mir solch ein traumatisches Erlebnis.

Unsere Katze hatte Nachwuchs bekommen, und jedes der sechs Kätzchen war einfach unglaublich niedlich. Diese weichen, süßen kleinen Wesen mit ihren leuchtenden blauen Augen faszinierten mich auf eine ganz besondere Weise. Mein Herz schlug höher, wenn ich ihre verspielten Bewegungen beobachtete und ihr leises Schnurren hörte. Mein Vater führte einen Handwerksbetrieb, und unser Haus war direkt an die Lagerhalle und die Aufenthaltsräume der Arbeiter angebaut. Der Korb mit den Kätzchen stand im Umkleideraum der Handwerker.

Einige der Arbeiter waren recht grobe Kerle und zeigten kein Interesse an den Kätzchen, im Gegenteil, sie schienen gereizt von ihrer Anwesenheit zu sein. Immer wieder beschwerten sie sich über die Unordnung um das Körbchen herum, was meinen Vater, der von Anfang an wegen der kleinen Geschöpfe genervt war, noch mehr gegen sie aufbrachte. Er betonte immer wieder, dass die Katzen für seine Arbeiter störend seien und dass die Kätzchen deshalb wegmüssten.

Als ich meinen Vater nach einer Lösung für die kleinen Geschöpfe fragte, antwortete er nicht. Ich wusste, wenn sie nicht länger im Umkleideraum der Arbeiter bleiben konnten, blieb nur die kalte Halle, in der sie vermutlich erfrieren würden. Zuvor hatte ich bereits darum gebettelt, sie in mein Zimmer oder den Flur unseres Wohnhauses mitnehmen zu dürfen, doch das wurde mir streng untersagt. Ich schaute meinem Vater in die Augen und erschrak, als ich in seinem Blick erkannte, dass er vorhatte, die Kätzchen zu töten. Verzweifelt suchte ich nach einem Weg, seinen Entschluss zu ändern. Als ich merkte, wie aussichtslos meine Versuche waren, kam mir die rettende Idee, die Tierkinder zu verstecken. Ich eilte so schnell ich konnte zu ihrem Körbchen. Doch zu meinem Entsetzen stand Fritz, der besonders gefühlskalte Arbeiter meines Vaters, direkt davor. Fritz war ein grober Kerl, der immer damit prahlte, wie stark und streng er sei. Mein Vater wollte offensichtlich die grausame Aufgabe nicht selbst übernehmen und wies deshalb diesen dummen und rauen Kerl an, sie zu erledigen.

Ich versuchte, mich zwischen den Korb und Fritz zu drängen, doch er schob mich mit bösem Blick zur Seite, vertrieb die Mutterkatze und trug den Korb mit den kleinen Kätzchen in den Hof. Dort begann er damit, die süßen Wesen nacheinander mit großer Wucht gegen die Wand zu schleudern.

Noch heute, fünfundfünfzig Jahre später, spüre ich einen brennenden Schmerz in meiner Brust, wenn ich an dieses brutale traumatische Ereignis zurückdenke. Seitdem war etwas in mir verschlossen und als Kind fiel es mir schwer, eine tiefere emotionale Verbindung zu Tieren aufzubauen. Obwohl ich auch nach diesem schrecklichen Vorfall niemals einer Katze oder einem Hund Schaden hätte zufügen können, spürte ich eine Blockade, die es mir unmöglich machte, eine engere Bindung mit ihnen einzugehen. Es war, als gäbe es eine unsichtbare Mauer zwischen mir und den Tieren, die es mir verwehrte, mein Herz zu öffnen und mich auf sie einzulassen.

Mein Vater war sich wahrscheinlich nicht darüber im Klaren, welchen Schmerz er mir mit seiner Entscheidung, die Kätzchen zu töten, zufügte, und dass er für mich, auch wenn er es nicht selbst getan hatte, die alleinige Verantwortung für ihren Tod trug. Rückblickend wurde mir klar, dass ich als kleiner Junge, der bewundernd zu seinem Vater aufschaute und ihn liebte, in einer tiefen inneren Zwickmühle steckte. Um diesem Konflikt zu entkommen, entwickelte ich fortan unbewusst keine tiefere emotionale Bindung mehr zu Tieren. Nur so wurde es mir möglich, meinem Vater noch immer mit Respekt und Liebe zu begegnen. Hätte ich die Verbundenheit zu

Tieren, so wie ich sie zu den Kätzchen in meinem Herzen gespürt hatte, in der ursprünglichen Intensität aufrechterhalten, hätte ich meinen Vater als gefühllosen und grausamen Menschen betrachten müssen. Erst als ich zum Jugendlichen herangewachsen war, gelang es mir allmählich, die verletzenden Erfahrungen richtig einzustufen und meine Verbindung zu Tieren wieder zu vertiefen. Dennoch spüre ich nach wie vor eine Wunde in mir, die durch dieses Erlebnis entstanden war, und ich bin unsicher, ob sie jemals vollständig heilen wird.

Tiere sind in jeder Hinsicht faszinierend, und ich bewundere immer wieder, wie sie sich auf der Erde organisieren, miteinander kommunizieren und atemberaubende Überlebensstrategien entwickeln. Als wichtiger Teil der Evolution des Lebens haben sie das gleiche Recht wie wir Menschen, frei auf diesem Planeten zu leben. Sie sind unverzichtbar für das natürliche Gleichgewicht unseres Ökosystems und tragen maßgeblich zur Aufrechterhaltung der Biodiversität bei. Die Erde ist für alle Geschöpfe, ob Mensch, Tier oder Pflanze, ein Zuhause, und dieses Recht, frei zu leben, sollte von uns Menschen respektiert und geschützt werden.

Wenn wir zudem davon ausgehen, dass allem, was existiert, feinstoffliche Informationen innewohnen, die durch die Lebenserfahrung des Lebewesens geformt und bei Verzehr auf uns übertragen werden, wird deutlich, dass ein respektvoller und artgerechter Umgang mit anderen Lebewesen keineswegs uneigennützig ist. Wenn sich herausstellte, dass das Leid, das Tiere ertragen, in gewisser Weise auch zu unserem Leid wird, wenn wir sie essen, würde sich allein deshalb schon vieles ändern. Vor allem in der Massenzucht werden Tiere oft grausam behandelt und von ihrer natürlichen Bestimmung entfremdet. Sie leiden unter beengten und ungesunden Bedingungen, werden misshandelt und ausgebeutet.

Schon allein wegen der großen Anzahl an Menschen, die bereits heute die Erde bevölkern, wird es notwendig, dass wir alle unsere Lebensgewohnheiten reflektieren, insbesondere wenn es um unsere Ernährung geht. Eine bewusste, vornehmlich vegane Ernährungsweise könnte ein sinnvoller Schritt in Richtung einer nachhaltigeren Zukunft sein. Falls jedoch der Konsum von Tieren in Betracht gezogen wird, sollte neben der Herkunft und deren Behandlung auch die ethische Frage berücksichtigt werden, ob man selbst in der Lage wäre, das Tier zu töten. Mit dieser Herangehensweise gelingt es uns, den wahren Wert der Nahrung, die wir zu uns nehmen, tiefer zu erkennen und zu schätzen. Es geht bei der Ernährung nicht bloß um Nährstoffe wie Kalorien, Fett oder Proteine, sondern vor allem auch um die Achtung des Lebenswegs, den Tiere durchlaufen haben, bevor sie auf unserem Teller landen. Es bedeutet, bewusst hinzuschauen und die Verantwortung für den gesamten Prozess, einschließlich der Tötung, zu übernehmen. Ein Tier verliert nicht seinen Wert oder seine Einzigartigkeit, nur weil es später als Schnitzel oder Salami bezeichnet wird.

Darüber hinaus sollten wir bei unseren Entscheidungen berücksichtigen, dass auch Pflanzen eine größere Beachtung verdienen, als wir sie ihnen bisher zugestanden haben. Immer mehr wissenschaftliche Studien weisen darauf hin, dass Pflanzen eine Form der Kommunikation und ein pflanzenspezifisches Bewusstsein besitzen könnten. Neue Erkenntnisse zeigen beispielsweise, dass Tomaten auf einer für uns nicht hörbaren Frequenz »schreien«, wenn ihre Früchte abgerissen werden. Diese Erkenntnisse fordern uns auf, unsere Sicht auf Pflanzen zu modifizieren und uns zu bemühen, mehr über sie zu erfahren. Auch Pflanzen sind keineswegs bloß passive Objekte, sondern aktive und komplexe Organismen, die auf ihre Umgebung reagieren. Tiere und eben auch Pflanzen tragen eine Seele in sich und können mit der Welt interagieren.

Auf dem Pfad zu einem erfüllten Leben führte der uns eigene Polarstern über Selbstreflexion bereits zu dem universellen Prinzip der Aufrichtigkeit. In Eigenverantwortung erkennen wir eine weitere Gesetzmäßigkeit: Wir begreifen, dass unsere Handlungen Konsequenzen haben, die über den augenblicklichen Moment hinauswirken. Ereignisse sind vernetzt mit dem, was ihnen vorausging. Indem wir Eigenverantwortung für das gesamte Geschehen übernehmen, das wir durch unsere Entscheidungen und Handlungen verursachen, nähern wir uns den wahren Zusammenhängen und ermöglichen es uns, die Signale unseres Polarsterns zu erkennen. Wir reflektieren, dass ein Steak mehr ist als ein Stück Fleisch, denn es ist Teil eines empfindungsfähigen Wesens, wie wir selbst es sind. Sobald wir die Dinge vollständig betrachten, spüren wir den Zauber, der allem – der Erde, dem Menschen, den Tieren und Pflanzen – innewohnt. Er lässt uns Demut und Respekt empfinden, wenn wir mit ihnen in Berührung kommen.

Übernehmen wir die vollständige Verantwortung für alles, was unseren Entscheidungen und Handlungen vorausgeht oder aus ihnen entsteht, gewinnen wir die Kraft, unser Leben und unsere Zukunft selbst zu gestalten.

Emilio

KAPITEL 5

Der Kairos:
Den günstigen Moment erkennen und unser
Leben zum Besseren wenden

Die Bedeutung von Selbstreflexion, Aufrichtigkeit und Selbstverantwortung für das Erreichen unserer Lebensziele haben wir erkannt. Jetzt, da diese wertvollen universellen Prinzipien die Grundlage unseres Handelns bilden, entdecken wir eine weitere Gesetzmäßigkeit: den günstigen Moment, den Kairos. Es gibt magische Augenblicke in unserem Leben, in denen die Chancen für ein Gelingen besonders gut stehen. In der griechischen Mythologie wird dies als »Kairos« bezeichnet – der Moment, in dem alles zusammenkommt und sich eine besondere Gelegenheit bietet. Dann erkennen und verstehen wir leichter, wie sich unsere Lebensziele verwirklichen lassen. Solche Momente sind wie ein fein abgestimmtes Zusammenspiel von äußeren Umständen und innerer Bereitschaft. Wir setzen kraftvoll um, was wir klar erkannt haben. Es ist der Zeitpunkt des wachen Bewusstseins, in dem wir die Zusammenhänge und die tiefere Bedeutung hinter den Dingen verstehen. Wenn wir diese Augenblicke wahrnehmen, kann sich in unserem Leben in einem einzigen Moment eine bedeutende Wendung oder ein großer Fortschritt vollziehen.

Wahres Verstehen ereignet sich also in dem Moment, in dem Erkenntnis und Verarbeitungsfähigkeit in einer natürlichen harmonischen Balance zusammentreffen. Umgekehrt birgt der Versuch, den Prozess des Erkennens von unserer Verarbeitungsfähigkeit zu entkoppeln, indem wir dies künstlich beeinflussen – beispielsweise durch den Konsum bewusstseinserweiternder Substanzen –, ein hohes Risiko.

Dies habe ich im jugendlichen Alter von siebzehn Jahren am eigenen Leib erfahren. Freunde und Bekannte beschrieben mir ihre einzigartigen Halluzinationen und ein faszinierendes Eintauchen in andere Welten mittels LSD, was mich dazu verleitete, es selbst auszuprobieren. Mir war sehr wohl bekannt, dass LSD manchmal auch einen negativen Verlauf nehmen kann und in einem Horrortrip endet. Doch meine anfängliche Skepsis verflüchtigte sich, als ich die winzige Pille – etwa so groß wie eine Süßstofftablette – sah und annahm, dass ein derart kleines Kügelchen nicht wirklich dramatisch wirken würde.

Etwa dreißig Minuten nach der Einnahme verspürte ich ein eigenartiges Ziehen im Nacken und fühlte mich anfangs nur leicht berauscht. Zu diesem Zeitpunkt glaubte ich noch, die Wirkung sei viel harmloser, als die abenteuerlichen Geschichten, die ich über LSD gehört hatte, vermuten ließen. Doch schon kurze Zeit später begann eine halluzinogene Reise, die von Minute zu Minute an Intensität gewann. Die vertraute Welt um mich herum schien mit einem Mal völlig verändert oder genauer gesagt: Sie verlor ihre gewohnte Struktur.

Dieses überwältigende Erlebnis, das ich noch heute klar erinnere, begann, als ich ein Popart-Bild an der Wand betrachtete. Auf dem Gemälde war ein Hotdog zu sehen und während ich es länger anschaute, begann das Ketchup plötzlich aus dem Bild heraus- und die Wand hinunterzufließen und sich am Boden als zäher, roter Schleim auf mich zuzubewegen. In diesem Moment begann sich alles um mich herum ähnlich zu verwandeln. Der Holztisch, an dem ich saß, gab seine Festigkeit auf und wurde zu einem knetbaren, zähen Material. Was ich bisher nur als starre, unbelebte Struktur kannte, schien sich nun aus seiner ursprünglichen Form zu lösen und eigenartig belebt zu sein.

Besonders merkwürdig war es, als auch die Gesichter der Menschen um mich herum unaufhörlich neue Formen und höchst sonderbare Gesichtsausdrücke annahmen. Mal trat die Nase überdimensional hervor, mal schienen sich die Augen oder Ohren zu verformen, als wären sie in einer blubbernden Blase gefangen. Anfangs gelang es mir noch, ruhig zu bleiben, doch nach und nach überwog ein Gefühl der Unsicherheit und des Kontrollverlustes. Die Welt um mich herum begann sich in ein bedrohliches Labyrinth zu verwandeln, in dem jeder Schritt ein Sprung ins Ungewisse war. Die Grenzen zwischen Realität und Fantasie verschwammen, und ich fand mich in einem Strudel der Verwirrung wieder.

Inmitten dieses Chaos suchte ich verzweifelt nach einem Anker, nach etwas Vertrautem, an dem ich mich festhalten konnte. Da bemerkte ich, dass meine Gedanken eine entscheidende Rolle dabei spielten, wie sich meine Wahrnehmung und die Welt um mich herum formten. Es fühlte sich an, als würden sich meine Gedanken in visuellen Eindrücken und Geräuschen manifestieren. Jeder meiner inneren Zustände spiegelte sich im Außen wider und hatte einen unmittelbaren Einfluss auf meine Empfindungen.

Diese Erfahrung war einerseits faszinierend, aber auch sehr beängstigend. Ich erkannte, dass Gedanken und Empfindungen unsere Wahrnehmung der Realität auf komplexe Weise beeinflussen und eine starke Kraft besitzen. Ich gewann einen Einblick in die Tiefen meines eigenen Geistes und die Art und Weise, wie ich die Welt um mich herum wahrnehme. Allmählich wurde mir alles immer unheimlicher und ich sehnte nichts mehr herbei als das Ende dieses Zustands.

Doch die Reise, auf der ich mich befand, dauerte stundenlang an und intensivierte sich sogar. Dabei bemerkte ich, dass ich immer wieder für eine gewisse Zeit mein Bewusstsein verlor. Statt jedoch einfach umzufallen und regungslos am Boden zu liegen, schien ich mich unbewusst zu bewegen und zu sprechen. Es war, als würde mir die Zeit, die während dieser »bewusstlosen Zustände« vergangen sein musste, entrissen. Das Ganze hätte vielleicht weniger beängstigend gewirkt, wenn ich all dies in einem Zustand leichter Betäubung erlebt hätte, vergleichbar dem Rausch beim Alkoholkonsum. Doch meine Sinne waren übermäßig sensibel und verstärkten die auf mich wirkenden Reize noch mehr.

Erst nach etwa zehn Stunden ließ der Spuk endlich nach und ich fand mich in der alten bekannten Wirklichkeit wieder. Mein Körper aber war noch lange Zeit in großem Aufruhr. Ich konnte nicht einschlafen, mir war kalt und meine Hände zitterten.

Stünde ich erneut vor dem Moment, LSD zu nehmen, würde ich mich, wie sich sicher leicht erahnen lässt, vehement dagegen entscheiden. Die Gefahr, einen psychischen Schaden zu erleiden, ist viel zu hoch, und die Ängste, die in mir noch Jahre danach immer wieder auftauchten, haben meine Widerstandsfähigkeit über einen sehr langen Zeitraum eingeschränkt.

Das ändert jedoch nichts an der Tatsache, dass Erfahrungen unter der halluzinogenen Droge eine potenziell bewusstseinserweiternde Wirkung haben können. Ich glaube erkannt zu haben, dass die vermeintlich festen Strukturen unserer Welt – wie die eines Stuhles oder Steines – nicht so unveränderlich sind, wie wir denken. Obwohl es eine objektive Realität geben mag, wird diese durch unsere individuelle Wahrnehmung und Interpretation verzerrt und transformiert. Das führt dazu, dass jeder von uns die Welt durch seine einzigartige Linse betrachtet, wodurch eher eine persönliche Illusion als eine geteilte Wirklichkeit entsteht.

Es kann zutiefst beängstigend und verstörend sein, wenn Vertrautes plötzlich verloren geht und alles, was uns umgibt, fremd erscheint. In solchen Momenten wird uns bewusst, wie sehr wir uns ständig an den bekannten Strukturen und Mustern unserer Umgebung ausrichten.

Nicht allein halluzinogene Drogen können die Realität verzerren. Jeder Schritt, der uns von unserem inneren Wesenskern entfremdet, schafft ein Vakuum und macht uns anfällig für Vorstellungen und Tagträume aller Art, die uns die Klarheit rauben. Täuschungen, denen wir erliegen, verbergen uns die wahre Essenz alles Existierenden. Um das Leben jedoch in seiner ganzen Fülle erfahren zu können, müssen wir zu jener Konstante, jenem inneren Kern, vordringen, der allem, was existiert, innewohnt. Wenn wir dieser reinen Wirklichkeit nahekommen, werden wir mit einem wundersamen Gefühl von Verbundenheit und Angekommensein erfüllt. Übersehen wir hingegen jenen tiefen Wesenskern, verlieren wir uns im Labyrinth der Oberflächlichkeit und verfehlen das Wunder des Lebens.

Einige Neurowissenschaftler definieren unser Bewusstsein als bloße »kontrollierte Halluzination« des Gehirns. Dazu ein Gedankenexperiment: Ein Mensch leidet an einer lebensbedrohlichen Krankheit, die durch Aktivierung seines Immunsystems geheilt werden könnte. Das Gehirn, das tief mit dem Immunsystem vernetzt ist, hat die Fähigkeit, diese heilende Reaktion auszulösen. Dennoch geschieht dies nicht. Gleichzeitig ist das Bewusstsein des Patienten mit detaillierten Informationen über die Krankheit ausgestattet. Eine Theorie, nach der unser Gehirn im Laufe der Evolution etwas so Komplexes wie eine »kontrollierte Halluzination«

als Überlebensinstrument hervorbrachte, erscheint mir paradox, wenn es am Ende nicht in der Lage wäre, lebensrettende Informationen zu seiner Heilung aufzunehmen und an das Immunsystem weiterzureichen.

Eine mögliche Interpretation dieses Paradoxons könnte sein, dass unser Bewusstsein nicht lediglich ein Produkt der Gehirnaktivität ist. Es könnte stattdessen das Gehirn als eine Art Decoder oder Schnittstelle nutzen, um sich in unserer physischen Welt zurechtzufinden. Eine solche Auslegung deutet darauf hin, dass das Bewusstsein eine eigenständige Existenz besitzt, die über die reine Gehirnaktivität hinausgeht und unabhängig von ihr existiert und eine fundamentale Eigenschaft des Universums sein könnte. Um zu einem umfassenderen Verständnis dieses Phänomens zu gelangen, sollten wir uns von Begrenzungen befreien. Wenn wir bereit sind, all unsere Sinneseindrücke, auch jene, die über das analytische Denken hinausgehen, in unsere Überzeugungen einzubeziehen, löst sich die Limitierung auf, die uns rein wissenschaftliches Denken auferlegt. Wir öffnen uns, um mit all unseren Sinnen den Wundern des Lebens zu begegnen. So können wir im Duft einer Blume, in der Sanftheit einer Berührung oder in einem Tagtraum die Existenz eines endlosen Bewusstseins wahrnehmen. Befreit von der Begrenzung des rein analytischen Denkens klärt sich mit jedem Schritt unser Blick auf die einende Realität allen Seins.

Doch kommen wir noch mal zurück zum günstigen Zeitpunkt, dem Kairos, dessen Bedeutung ich in den Jahren nach meiner Erfahrung mit LSD erkannte. Die Erkenntnis während des Rausches, wonach unsere Gedanken und Gefühle einen wesentlichen Einfluss auf unsere Wahrnehmung haben, hatte mir den Halt genommen und mich auch nachhaltig zutiefst verunsichert. Später wurde mir bewusst, dass Offenbarungen unsere Persönlichkeit immer nur dann stärken, wenn wir zugleich in der Lage sind, sie zu verarbeiten. Fehlt uns die notwendige innere Reife, können uns Erkenntnisse selbst dann, wenn sie potenziell bewusstseinserweiternd sind, über einen langen Zeitraum hinaus verängstigen, weil sie uns verletzten.

Ich erkannte die Bedeutung eines weiteren universellen Prinzips, bei dem Erkenntnis und Verarbeitungsfähigkeit organisch ineinandergreifen: die Gesetzmäßigkeit der günstigen Zeit, des Kairos. Und um zu diesen günstigen Augenblicken zu gelangen, gibt es nichts weiter zu tun, als danach zu suchen und das zu stärken, was wir im Innersten wünschen, die bedingungslose Liebe. Dann wird sich der magische Augenblick ohne weiteres Zutun auf natürliche Weise offenbaren und uns den Impuls geben, zu neuen Höhen aufzubrechen. Kein Sturm kann uns mehr umwerfen; wir werden vorbereitet sein. Es ist die Kraft des Kairos, die unser Segel füllt, um uns zur Erfüllung unserer tiefsten Träume zu führen. Wir nehmen uns von der Fülle des Lebens und finden im Licht unseres Sterns stets zurück zu uns, nach Hause.

»Du bist wie deine tiefen, drängenden Wünsche.
Wie deine Wünsche, so ist dein Wille.
Wie Dein Wille, so ist deine Tat,
und wie deine Tat ist, so ist dein Schicksal.«
Upanischaden (zwischen 700 und 200 v. Chr.)

KAPITEL 6

Jenseits des analytischen Denkens:
Warum wir auch das Nichtwissen zulassen
sollten und in Demut eine universelle Gesetzmäßigkeit erkennen

Wir existieren in einem hochdynamischen Universum, dessen unermessliche Vielfalt und Komplexität sowohl im Makrokosmos als auch im Mikrokosmos weit über die Grenzen unseres Erkenntnishorizonts hinausgeht. Angesichts einer solch verflochtenen und sich ständig verändernden Realität bleibt unser Wissen zwangsläufig immer unvollständig. Doch sobald wir uns diese Tatsache bewusst machen, werden wir auch empfänglich für eine erweiterte Einschätzung der Wirklichkeit. Wir öffnen uns für unterschiedliche Perspektiven und geben uns in unserer Begrenztheit nicht voreilig geschlagen.

Wenn wir uns beispielsweise mit dem Thema Kommunikation befassen, lässt sich der Schluss ziehen, dass unsere Sprache weitgehend einem mathematischen Prinzip folgt. Wir könnten mutmaßen, dass unser Gehirn bei der Verarbeitung von Sprachinformationen ähnliche Prinzipien nutzt, wie sie auch in der künstlichen Intelligenz zu sehen sind. Deren Programme analysieren Wortfolgen, indem sie Muster und

Beziehungen in großen Datenmengen erkennen. Dabei entstehen erstaunlicherweise, sobald eine bestimmte Menge an parallelen Berechnungen überschritten wird, Formulierungen, Sätze und sogar ganze Geschichten.

Die Programmiersprache, die dieses beeindruckende Ergebnis hervorgebracht hat, ist dabei keineswegs neu, sondern stammt aus den Anfangsjahren der Informatik. Doch erst durch den Fortschritt in der Computerhardware und der damit einhergehenden rasanten Maximierung der Rechenkapazität wurde es den Algorithmen möglich, sinnvolle Kommunikation zu erzeugen. Die Fähigkeit, fundierte Inhalte zu generieren, wird oft als Überschreiten einer » magischen Schwelle « oder eines » kritischen Punkts « in der Rechenleistung bezeichnet. Kein Entwickler hatte die gegenwärtige Präzision der Computerintelligenz, wie wir sie heute erleben, in dieser Form vorausgesehen oder erwartet. Es lässt sich festhalten, dass viele Entwicklungen im Bereich der künstlichen Intelligenz von überraschenden und unerwarteten Fortschritten geprägt sind.

Die Grenzen der Kommunikation für KI-Systeme werden durch die ihnen zur Verfügung stehenden Daten und Algorithmen bestimmt. Ähnlich verhält es sich auch mit unserer sprachlichen Kommunikation, denn auch wir können nur das in Worte fassen, was wir bisher erlebt oder gelernt haben. Da die Welt um uns herum jedoch von Phänomenen geformt und beeinflusst wird, die weit über das hinausgehen, was wir mit Sprache oder Mathematik erfassen können, stoßen wir allein mit Worten und mathematischen Konzepten schnell an Grenzen.

Die Herausforderung, der wir gegenüberstehen, können wir beispielhaft erkennen, wenn wir die Farbe Blau oder eine andere Farbe allein mit Worten, ohne auf Vergleiche oder Assoziationen zurückzugreifen, zu beschreiben versuchen. Dasselbe Problem zeigt sich meines Erachtens auch in anderen Bereichen, etwa wenn wir versuchen, die komplizierte Struktur unseres Bewusstseins mit Worten oder mathematischen Modellen zu erklären. Beide Beispiele zeigen, dass unsere sprachlichen und arithmetischen Darlegungen unzureichend sind, um die Phänomene, die uns im Inneren und Äußeren begegnen, zu erklären.

Um hingegen zu einer ganzheitlicheren und differenzierteren Sichtweise zu gelangen, ist es neben unserem analytischen Denken unabdingbar, auch unserer Intuition, unserem inneren Polarstern, ausreichende Bedeutung beizumessen. Das Verständnis dafür, wie wir die Zeichen unserer Intuition richtig deuten und verstehen können, wird den meisten von uns weder in der Schule noch von unseren Eltern beigebracht. Oft fällt es daher schwer, dieser inneren Stimme in Entscheidungsprozessen angemessen Raum zu geben.

Auch die Naturwissenschaften, die unsere Zukunft wesentlich prägen, stützen sich in ihren Forschungsansätzen und Erklärungen fast durchweg auf mathematische Modelle. Die weitreichende Selbstbeschränkung, die sich die Forschung dadurch auferlegt hat, indem sie sich ausschließlich auf die Sprache der Wissenschaft, die Mathematik, stützt, könnte einer der Gründe dafür sein, dass bahnbrechende Entdeckungen in jüngerer Zeit auffallend seltener geworden sind. Darüber hinaus führt die einseitige Ausrichtung hin und wieder dazu, dass Forscher die Unvollständigkeiten und Ungenauigkeiten in ihren Vorstellungen und Schlussfolgerungen übersehen oder unterschätzen, weil sie alle anderen Aspekte ausblenden.

Die negativen Folgen, die sich aus einer solch eingeengten Sicht ergeben, werden besonders dann auffällig, wenn Fachautoritäten ihre Prognosen als nahezu unfehlbar darstellen. Die Anerkennung unserer eigenen Begrenztheit schafft dagegen Raum für das Geheimnisvolle und erlaubt uns, die Hoffnung als wertvolle Ressource im Angesicht des Wunders des Lebens zu bewahren. Hierzu möchte ich eine Geschichte erzählen.

Vor etwa sieben Jahren, kurz vor Weihnachten, erreichte mich der Anruf einer Freundin. Sie war am vorherigen Tag mit einer niederschmetternden Diagnose konfrontiert worden: aggressiver Brustkrebs mit einer prognostizierten Lebenserwartung von lediglich drei Monaten. Es ist kaum möglich, die ungeheure Tragweite dieser Nachricht in Worte zu fassen. Doch trotz der düsteren Prognose tat sich unerwartet eine Chance auf, denn sie reagierte bemerkenswert gut auf eine Behandlung mit Antikörper-Infusionen, die das Fortschreiten des Krebses effektiv eindämmten – ein Ergebnis, das die Fachärzte zuerst nicht für möglich hielten.

Nach zwei Jahren intensiver Therapie teilte ihr die behandelnde Onkologin mit, dass sie ermutigende Nachrichten habe: Sie sei krebsfrei. Obwohl sie weiterhin regelmäßige Infusionen mit Antikörpern erhalten musste, um eine erneute Manifestation der Krankheit zu verhindern, galt sie als vom Krebs geheilt.

Einige Wochen später, während einer ihrer routinemäßigen medizinischen Verabreichungen, die diesmal von einer stellvertretenden jungen Ärztin durchgeführt wurde, berichtete sie dieser von der erfreulichen Diagnose ihrer Krebsspezialistin. Die darauffolgende Reaktion der Medizinerin war zutiefst erschütternd und entmutigend: »Nein, Sie werden nie mehr vollständig gesund sein können. Der Krebs mag zwar zurückgedrängt sein, doch einige der mutierten Zellen werden wahrscheinlich zurückbleiben und gegen die Antikörper resistent werden.« Sie prophezeite weiter, dass die Wirksamkeit der Therapie innerhalb von höchstens fünf Jahren abklingen würde. Danach würde der Krebs unweigerlich zurückkehren und sei dann in der Regel nicht mehr therapierbar.

Auch wenn die Mehrzahl der Krankheitsverläufe sich tatsächlich so entwickelt, wie die Ärztin es voraussagte, bleibt die Frage, welchen Nutzen eine so endgültige Prognose tatsächlich haben soll. Die junge Ärztin mag argumentieren, dass sie ihren Patienten gegenüber ehrlich sein möchte. Doch ist eine solch absolutistische Prognose noch gerechtfertigt, wenn schon einzelne untypische Krankheitsverläufe sie infrage stellen können? Insbesondere da kaum ein Mediziner heute die Existenz solcher unerklärlichen Verläufe bestreitet. Tatsächlich sind Fälle von unerwarteten Heilungen, selbst bei austherapierten Patienten gut dokumentiert.

Auch wenn spontane Heilungsprozesse selten sind, verdienen sie unsere Beachtung. Denn erst wenn Hoffnung und Zuversicht, die treibenden Kräfte hinter diesen Phänomenen, in der medizinischen Praxis die notwendige Berücksichtigung finden, können sie ihre volle Wirkung entfalten. Mediziner müssen verinnerlichen, dass jeder Mensch mehr ist als bloß ein schlagendes Herz. Wir alle sind lebende Seelen, deren Energie und Potenzial weit über die körperlichen Gegebenheiten hinausreichen. Erst wenn dieser fundamentale Fakt uneingeschränkt in den Therapien Berücksichtigung findet, können sich die Selbstheilungskräfte in vollem Umfang entfalten.

Medizinisches Personal trägt in diesem Kontext eine große Verantwortung, denn schon ein einziges Wort kann die Hoffnung auf Heilung und somit die Wahrscheinlichkeit, wieder gesund zu werden, erheblich beeinflussen. Es ist nicht gerechtfertigt, einen Patienten mit düsteren Prognosen zu belasten, während gleichzeitig vorenthalten wird, dass sich die Dinge auch jederzeit zum Guten wenden können.

Dass das Geschehen anders verlaufen kann als erwartet, zeigt der Fall meiner Freundin eindrucksvoll. Trotz der vernichtenden Prognose hat sie niemals ihren Mut verloren und findet heute, sieben Jahre nach dem Ereignis, immer noch große Freude im Leben. Ihre Geschichte verdeutlicht auf beeindruckende Weise, dass wir trotz unserer Fachkenntnisse und Autorität uns stets unseres begrenzten Einblicks in die dynamische, unvorhersehbare Natur des Lebens bewusst sein müssen.

Die Tendenz zum Dogmatismus beschränkt sich leider nicht nur auf die Medizin; sie ist ebenso in anderen wissenschaftlichen Disziplinen präsent. Wenn wir etwa nach unserem Ursprung fragen, danach, wohin wir nach unserem Tod gehen werden und ob unser Bewusstsein endlich oder unendlich ist, begegnen wir unserer Begrenztheit, sobald wir eine rein analytische Herangehensweise verfolgen. Die bislang vergeblichen Bemühungen, in dieser Art und Weise zu einer befriedigenden Antwort auf diese Fragen zu gelangen, verdeutlichen, dass Worte und Zahlen schlichtweg nicht ausreichen.

Trotz dieser unverrückbaren Tatsachen lassen sich manche prominente Gehirnforscher in ihren Erklärungsansätzen nicht davon abschrecken, voller Überzeugung zu behaupten, dass das Bewusstsein lediglich das Ergebnis deterministischer Prozesse unseres Gehirns sei. Wenn man annimmt, dass das Bewusstsein allein auf materiellen Strukturen beruht, und alle unbekannten Wirkungsmechanismen kategorisch ausschließt, erklärt man sich selbst implizit zum komplexesten Phänomen im eigenen Erlebnishorizont. Mit solchen Behauptungen erheben wir uns in gewisser Weise selbst zu Göttern. Eine solche Annahme erscheint mir schon angesichts der nicht erfassbaren Komplexität des gesamten Universums als überheblich.

Hier wird Demut zur wichtigen Eigenschaft, eine Demut, die unsere begrenzte Kenntnis und unser eingeschränktes Verständnis des Universums anerkennt und uns daran erinnert, dass wir uns auf einem vermutlich nie endenden Weg des Lernens befinden. Denn ähnlich wie das Universum scheint auch die Welt des Wissens grenzenlos zu sein. Persönlichkeiten, die der Menschheit zu wahren Erkenntnissen verholfen haben, setzten sich keine Beschränkungen in der Erkundung des Wissens, sondern integrierten in ihre Entdeckungsprozesse sämtliche verfügbaren Lernwege. Sie waren wahre Freidenker, die in ihren Überlegungen stets auch das Nichtwissen zuließen und dadurch in völlig neues, unbekanntes Terrain vorzudringen vermochten.

Viktor Frankl war einer von ihnen. Als österreichischer Neurologe und Psychiater wurde er während des Zweiten Weltkriegs in mehreren Konzentrationslagern interniert, einschließlich des berüchtigten Auschwitz. Dort beobachtete er, dass der Glaube an einen höheren Sinn oder eine höhere Macht die Überlebensfähigkeit unter extremen Bedingungen stärken kann. Aufbauend auf diesen und weiteren klinischen Erfahrungen entwickelte er die Logotherapie. Diese Form der Psychotherapie geht davon aus, dass der Mensch ein tiefgreifendes Bedürfnis nach Sinn und Zweck hat. Frankl argumentierte, dass diese Sinnorientierung selbst unter extremen Umständen als Quelle für Motivation und Hoffnung dienen kann.

Dieses tief verwurzelte Bedürfnis nach Sinn erscheint als ein Phänomen, das wiederum über das einfache Prinzip des »Survival of the Fittest« hinausgeht. Zwar könnten Rationalisten einwenden, dass dieses Streben einen evolutionären Vorteil bot, indem es sozialen Zusammenhalt fördert. Eine solche Einschätzung erscheint insbesondere im Kontext eines

Konzentrationslagers aber als unschlüssig. Denn umgekehrt könnte man vermuten, dass die erhöhte Empathie und die emotionale Verletzlichkeit, die mit einer aufrichtigen Suche nach Lebenssinn einhergehen, in einer solchen Umgebung eher nachteilig wären.

Spätestens dann, wenn wir uns unserer eigenen Begrenztheit bewusst werden, indem wir uns erneut vergegenwärtigen, dass wir bisher nur etwa fünf Prozent des Universums durch unsere wissenschaftlichen Methoden erfasst haben, sollten wir den Dogmatismus ablegen. Auch die essenzielle Frage nach einem tieferen Sinn unserer Existenz lässt sich bislang nicht annähernd durch rein analytische Ansätze erklären. Es liegt nahe, dass wir der wahren Essenz unseres Daseins wohl weniger durch Analysieren als vielmehr durch Fühlen näherkommen können.

Infolgedessen sollten wir darüber nachdenken, unser derzeitiges wissenschaftliches Paradigma zu erweitern und andere Wege der Erkenntnis zu integrieren, um ein ganzheitlicheres Verständnis unserer Existenz zu erlangen. Denn wenn wir uns dem Universum und dem Wunder des Lebens ohne Vorurteile nähern und dabei auch das Nichtwissen zulassen, wird uns unsere innere Leitlinie, unser innerer Polarstern, zur der Einsicht führen, dass das Leben einer höheren Bestimmung folgt und von tiefer Bedeutung ist. Es ist das Geheimnisvolle, das uns antreibt und bereichert. Wenn wir uns dem Wunder unserer Existenz verschließen, entfremden wir uns und finden uns in einer nüchternen, kalten Welt wieder.

Damit meine ich nicht, dass wir uns in fantastischen Vorstellungen verlieren, sondern unseren Geist aus der Enge des rein analytischen Denkens befreien sollten. Nur dann, wenn wir alle unsere Erkenntniswege in unser Verständnis integrieren, auch jene, die sich der analytischen Herangehensweise entziehen, nähern wir uns der Wahrheit. Denn es sind oft genau jene Phänomene, die wir lediglich erfühlen oder beobachten können, die uns tiefe Einblicke in das Wunder unserer Existenz gewähren.

Anstatt uns selbst als die komplexesten Wesen im gesamten Universum zu betrachten – eine Schlussfolgerung, die sich zwangsläufig ergibt, wenn wir uns auf unseren wissenschaftlichen Erkenntnishorizont zurückziehen –, können wir unsere Welt und unser Verständnis vom Leben bereichern, indem wir zu Freidenkern werden und mit Demut auf das Wunder des Lebens blicken. Es ist die Unvoreingenommenheit, die es uns ermöglicht, die unendliche Schönheit, das Geheimnisvolle und die immense Vielfalt dieser faszinierenden Welt zu erfassen.

In der Einsicht, dass wir Teil eines unfassbaren Wunders sind, schützen wir uns vor Selbstüberschätzung. Indem wir Demut bewahren und sie als ein weiteres universelles Prinzip annehmen, behalten wir den Zauber, den die Welt in sich trägt, in uns.

Das Schönste, was wir erleben können, ist das Geheimnisvolle.
Es ist das Grundgefühl, das an der Wiege
von wahrer Kunst und Wissenschaft steht.
Wer es nicht kennt und sich nicht wundern,
nicht mehr staunen kann,
ist sozusagen tot und seine Augen sind erloschen. «

Albert Einstein

KAPITEL 7

Der lange Schatten kurzsichtiger Entscheidungen: Wie das Heute unser Morgen prägt

Im Anschluss an die Erkenntnisse, die ich in den vorherigen Kapiteln beschrieben habe, führten mich meine Erfahrungen als Unternehmer zu einer weiteren Entdeckung: der universellen Gesetzmäßigkeit des Kausalitätsprinzips. Dieses Prinzip unterstreicht die Bedeutung jeder Entscheidung und Handlung, da sie Teil einer größeren Kette von Ursache und Wirkung sind, die unser Leben und die Welt um uns herum formt.

Wenn wir uns allein auf die unmittelbaren Auswirkungen unserer Handlungen fokussieren, kann sich ein Vorteil langfristig zum Nachteil verwandeln. Die folgende Geschichte aus meinem beruflichen Leben mag das illustrieren.

Als junger Mann, gerade zwanzig Jahre alt, gründete ich ein Unternehmen, das sich auf den Erwerb, die Umgestaltung und die Sanierung von Häusern spezialisierte. Das erste Haus, das ich kaufte, war entsetzlich verwahrlost. Über viele Jahre hinweg war nicht einmal das Nötigste instand gehalten worden, Leitungen leckten und das undichte Dach hatte über die Jahre erhebliche Schäden verursacht. Doch gerade dieser erbärmliche Zustand führte dazu, dass sich niemand ernsthaft für den Kauf interessierte, was den Preis niedrig hielt. So war es möglich, dass ich die Immobilie trotz meines sehr begrenzten Budgets erwerben konnte. Das alte Haus befand sich mitten in der Stadt auf einem winzigen Grundstück von weniger als einhundertvierzig Quadratmetern.

Nachdem ich mich mit dem Verkäufer geeinigt hatte, konnte ich das Objekt schließlich mein Eigen nennen. Voller Begeisterung stand ich davor, als eine ältere Dame auf mich zukam und mir lächelnd zurief: »Reißt ihr diese hässliche Hütte endlich ab?« Doch ich ließ mich nicht entmutigen und wurde gleich zu Beginn der Sanierungsmaßnahmen mit einer freudigen Überraschung belohnt. Denn als ich den dicken Zementputz, der um das Haus herum aufgetragen worden war, abschlug, entdeckte ich ab der ersten Etage ein schönes Fachwerk.

In dieser Zeit musste ich neben der Restaurierung und Modernisierung einer festen Anstellung nachgehen, um nicht in finanzielle Schwierigkeiten zu geraten. Daher konnte ich immer nur nach der Arbeitszeit und an den Wochenenden am Haus arbeiten. Da die Baumaßnahmen zudem mit viel Staub und Schmutz verbunden waren, war es nicht immer einfach, die Motivation aufrechtzuerhalten. Letztlich stellte sich heraus, dass der Zustand des Hauses erheblich schlechter war, als von mir zunächst angenommen. Ständig traten unerwartete Schäden auf, und so zog sich die Renovierung hin. Ein besonders denkwürdiger Moment ereignete sich, als meine damalige Freundin, die heute meine Frau ist, in einem kleineren Zimmer die alten, morschen Dielen entfernte und dabei mit der gesamten Decke des Zimmers eine Etage tiefer fiel, da die ganze Hausecke vermodert war. Glücklicherweise blieb es bei dem großen Schrecken und sie zog sich bei diesem Vorfall keine Verletzungen zu.

Obwohl die Arbeit am Haus so mühsam war und sich über einen längeren Zeitraum erstreckte, erfüllte es mich immer wieder mit großer Freude, sobald ein Bereich ausgeführt war. Nach fast zwei Jahren war ich endlich fertig, das Gerüst wurde abgebaut und das Haus sah einfach wunderschön aus. Die Nachbarin, die noch vor zwei Jahren auf den Abriss gehofft hatte, zeigte sich sichtbar beeindruckt. Und neben ihr gab es viele weitere, die das Haus aus der Vergangenheit kannten und nun erstaunt und fasziniert waren, was aus dem ehemaligen Schandfleck geworden war. Eine Dame sprach mich eines Morgens beim Bäcker an und fragte, ob das Eckhaus mit dem grünen Dach mir gehöre. Als ich bejahte, flüsterte sie, es sei nun ihr Lieblingshaus, das schönste der ganzen Stadt.

Die mir entgegengebrachte Wertschätzung hat mich sehr glücklich gemacht und sie bestärkte mich in der Annahme, dass ich ein Talent für die Gestaltung von Immobilien habe. Als ich das Haus zum Verkauf anbot, meldeten sich unzählige Interessenten, was mir zu einem deutlich höheren Preis verhalf, als ich es jemals für möglich gehalten hätte.

Der Gewinn erlaubte, nachfolgend ein etwas größeres Projekt in Angriff zu nehmen. Und so ging es nahtlos weiter. Kaum hatte ich eine Immobilie fertiggestellt und verkauft, stieß ich schon auf neue interessante Vorhaben. Die finanziellen Erfolge, die ich erzielte, waren zwar unabdinglich für den Aufbau meines Unternehmens, aber nicht das Zentralste für mich. Besonders wichtig war mir hingegen immer, dass Menschen Gefallen an meiner Arbeit fanden, und ich den Eindruck hatte, dass meine Architektur dazu beiträgt, die Stadt ein wenig zu verschönern.

Dennoch gehört beides zusammen: Ohne ökonomischen Erfolg muss man sich ständig auf das Überleben der Firma konzentrieren, und ohne Anspruch an die Architektur sowie ein passendes Design ist es kaum möglich, gute Kunden zu gewinnen. Ich bin froh, dass es mir damals gelang, die beiden Aspekte gut zu verbinden. So konnte ich meine Anstellung aufgeben und mich voll und ganz meinem jungen Unternehmen widmen.

Während dieser Zeit überlegte ich ernsthaft, ob ich nochmals die Schulbank drücken und ein Architekturstudium beginnen sollte. Doch mein Unternehmen expandierte stetig weiter, die Projekte wurden immer komplexer und beanspruchten all meine Zeit. Zudem festigte sich meine Überzeugung, dass ich auch ohne eine formale Ausbildung im Bereich Architektur erfolgreich sein kann.

In der Aufbauphase des Unternehmens arbeitete ich eng mit einem Jugendfreund zusammen, der sein Architekturstudium bereits abgeschlossen und ein eigenes Büro gegründet hatte. Dies war besonders wichtig für mich, da ich nicht die Berechtigung besaß, meine Entwürfe bei den Behörden einzureichen. Er konnte diese Lücke schließen, indem er die Formalitäten und Einreichungen für mich übernahm.

In den Neunzigerjahren wurde ich in der Region zunehmend bekannt. Immer häufiger erhielt ich die Anfrage, ob ich Entwurfsleistungen auch für Dritte anbieten könne, die den Bau in Eigenregie übernehmen. Da mir das Entwerfen stets die größte Freude bereitete, ging ich darauf immer öfter ein. Als die rege Nachfrage meine verfügbaren zeitlichen Kapazitäten überstieg, geriet ich in die glückliche Lage, gezielt nur jene Projekte auszuwählen, für die ich mich wirklich engagieren wollte. Dies war insofern vorteilhaft, da sich der Aufwand für kleinere Projekte kaum von den größeren unterschied, das Honorar der größeren aber deutlich höher ausfiel.

Deshalb war es naheliegend, dass ich mich vom Ende der Neunziger- bis Anfang der Nullerjahre hauptsächlich auf das Design und die Umsetzung von Villen für Vorstände und leitende Angestellte großer Investmentbanken konzentrierte. Denn in den Jahren vor der Finanzkrise verzeichneten viele von ihnen außergewöhnliche Einkommenszuwächse. Um den nun steigenden Anforderungen gerecht zu werden, habe ich Architekten eingestellt, die sich für die Ausarbeitung der technischen Details meiner Entwürfe interessierten und die genehmigungsrechtlichen Aufgaben übernahmen.

Trotz der Tatsache, dass mein Ruf und meine Bekanntheit sich sehr positiv entwickelten, begegneten mir mit zunehmendem Erfolg auch die Schattenseiten. So verbreitete ein Architekt fortwährend das Gerücht, ich würde mich als studierter Architekt ausgeben. Obwohl diese Behauptung jeglicher Grundlage entbehrte, führte sie dazu, dass die Architektenkammer mir ohne jegliche Begründung sogar mit einer Unterlassungsaufforderung drohte. Von da an begann ich bei Erstgesprächen mit neuen Kunden und Interviews mit Medienvertretern – die immer häufiger über meine Projekte berichteten – ausdrücklich zu betonen, dass ich kein studierter Architekt, sondern Autodidakt bin. Auch wenn das für beide Seiten etwas seltsam wirkte.

Die Nachfrage nach meiner Arbeit wurde von den Diffamierungen oder der Tatsache, dass ich keinen akademischen Abschluss besitze, ohnehin in keiner Weise beeinflusst. Die Interessenten kamen auf mich zu, weil ihnen die von mir entworfenen Projekte gefielen oder weil ich ihnen zuvor von Kollegen, Bekannten oder Freunden empfohlen worden war.

Das Entwerfen und Bauen von Häusern für Familien, auch wenn es manchmal anstrengend war, bleibt eine unglaublich bereichernde Erfahrung in meinem Leben. Es erfüllt mich bis heute mit Stolz und Freude, dass einige meiner Freunde ursprünglich meine Kunden waren. Dennoch ist das Gestalten von Wohnhäusern eine äußerst intensive, persönliche und folglich auch anspruchsvolle Aufgabe. Daher geht es nicht nur darum, eine engagierte und hochwertige Leistung zu erbringen, sondern auch darum zu erkennen, mit welchen Personen man gut harmoniert und von welchen man besser Abstand hält. Dies wurde besonders in den Jahren vor der Finanzkrise offensichtlich. Der rasant wachsende Sektor des Investmentbankings näherte sich seinem Zenit. Die Banken übertrafen sich gegenseitig mit immer großzügigeren Gehältern und immensen Boni, um die besten Talente anzulocken, wodurch die Entwicklung ins Absurde getrieben wurde. In diesem Umfeld wurden leider häufig die Charakterzüge der oft noch jungen und unerfahrenen, aber extrem ehrgeizigen Investmentbanker verzerrt und negativ beeinflusst. Einige begannen, sich aufgrund ihres hohen Einkommens und ihrer Position in ihrem Unternehmen als übermäßig wichtig zu fühlen, und wurden dadurch extrem schwierig.

Ich erinnere mich spontan an zwei äußerst befremdliche Situationen, die leider nur zwei Beispiele von vielen derartigen Ereignissen darstellen. Einer der Investmentbanker etwa erteilte, während ich mit ihm die Baustelle beging, einem Handwerker Hausverbot. Dieser war mit einer Zigarette durch den Rohbau gegangen – ein Gebäude ohne Fenster, Böden oder Dach. Von seiner Entscheidung war der Banker selbst von mir nicht abzubringen. Seine Begründung lautete: In seinem zukünftigen Haus dürfe keiner rauchen und darüber wolle er nicht diskutieren. Das war schon seltsam, denn es mussten ja noch viele Schweißarbeiten und Isolationen durchgeführt werden, die allesamt weit mehr Qualm als eine Zigarette verursachen.

Ein anderer meiner Bauherren, seinerzeit Managing Director einer renommierten amerikanischen Bank, erzählte mir stolz von einer Motivationsveranstaltung seiner Bank, bei der er einen Vortrag gehalten hatte. Das Besondere dabei? Er betonte, nach seinem Beitrag seien alle Anwesenden aufgestanden, um ihm gemeinsam im Chor zuzurufen: »We are the winners, we are the best.« Er war es auch, der mir am Tag seines Einzugs voller Stolz berichtete, wie er seinen Küchenbauer lautstark zurechtgewiesen hatte, weil der Ofen beim Umzug tags zuvor nicht funktionstüchtig war. Drohend verkündete er dem Inhaber des Unternehmens, ihn »fertigzumachen«, sollte nicht spätestens am nächsten Tag alles einwandfrei funktionieren. Beim Besitzer des Unternehmens handelte es sich um einen sehr netten, engagierten, erfahrenen und hilfsbereiten älteren Herrn, den ich immer gerne empfahl, weil er über Jahre hinweg stets fair und zuverlässig war. Am Tag nach dem Vorfall rief der Küchenbauer völlig aufgebracht und verängstigt meine Frau an und fragte entsetzt, wen wir ihm denn da zugemutet hätten.

Meine Frau versuchte, ihn zu beruhigen, doch die Drohungen des Bankers schienen ihm derart zuzusetzen, dass sie keinen Erfolg hatte. Noch am selben Tag verstarb dieser nette ältere Herr an einem Herzinfarkt. Als ich den Investmentbanker ein paar Tage später traf und ihn mit dem plötzlichen Tod des älteren Handwerkers nach seiner heftigen Auseinandersetzung mit ihm konfrontierte, sah er mich nur mit einem Blick übermäßiger Eitelkeit an und sagte nonchalant: »Ich habe schon überlegt, ob es vielleicht etwas mit mir zu tun haben könnte ... aber was soll's.«

Die Kaltherzigkeit, die er damit offenbarte, war für mich unfassbar, und von diesem Moment an wurde mir klar, dass ich dringend etwas ändern musste. Ich sehnte mich nach anderen Herausforderungen und einem frischeren Umfeld, das nicht von solcher Selbstüberschätzung und Überheblichkeit geprägt war.

Die Atmosphäre der Selbstverherrlichung, die die Bankenbranche in dieser Zeit durchdrang, ist wohl kaum nachvollziehbar, wenn man sie nicht selbst erlebt hat. Sie machte es den jungen, unerfahrenen Bankern nahezu unmöglich, mit beiden Füßen fest auf dem Boden zu bleiben. Hinzu kam, dass die Vorgesetzten eine Rivalität unter ihnen entfachten, die kaum noch zu überbieten war. Ihr unausgesprochenes Motto schien zu lauten: »Nach oben buckeln, nach unten treten.«

Ohne es zu ahnen, eröffnete sich mir bereits einige Tage nach meinem Entschluss eine Chance zur Veränderung, indem mich ein Freund auf ein Wettbewerbsverfahren aufmerksam machte. Die Stadt plante den Verkauf eines Grundstücks, allerdings gekoppelt an eine Investitionsverpflichtung. Im Rahmen einer Ausschreibung sollten die Teilnehmenden ihre Bebauungskonzepte vorstellen. Es handelte sich um ein zentral gelegenes Grundstück, auf dem zwei Supermärkte, diverse Einzelhandels- und Büroflächen sowie eine Tiefgarage entstehen sollten. Von der Idee, mich an der Ausschreibung zu beteiligen, war ich spontan begeistert und reichte sogleich meine Bewerbung bei der Gemeinde ein und wurde im letzten Moment in den Wettbewerb aufgenommen.

Nach Abgabe der Entwürfe lud die Stadt fünf ausgewählte Teilnehmer zur öffentlichen Präsentation ihrer Entwürfe in die Stadthalle ein. Ich war einer von ihnen, und als ich die Namen meiner Mitbewerber auf der offiziellen Einladung las, darunter ein Professor eines namhaften Architektenbüros, überkam mich ein Moment des Zweifels, ob ich als jemand ohne Hochschulabschluss überhaupt an diesem Wettbewerb hätte teilnehmen sollen.

Die Halle war prall gefüllt und ich war in der Reihenfolge der Vorstellungen der Letzte. Die Teilnehmer vor mir nutzten bereits Visualisierungsprogramme für ihre Präsentationen, während ich meine CAD-Pläne von Hand koloriert und illustriert hatte. Die Bilder der Computerprogramme waren zu dieser Zeit jedoch noch weit entfernt von Fotorealismus und wirkten dadurch insgesamt ziemlich steril und emotionslos. Meine von Hand gezeichneten Pläne brachten mir am Ende einen Vorteil, da sie lebendiger und echter wirkten als die computererzeugten Visualisierungen.

Nach meiner Präsentation, die, wie gesagt, als letzte stattfand, fiel mir die durchaus positive Resonanz auf, was mich vorsichtig optimistisch stimmte. Und als noch der Architekturprofessor, der wie wir anderen Teilnehmer des Wettbewerbs in der ersten Reihe saß, auf mich zukam und dabei anerkennend nickte, wurde dies zu einem Augenblick in meiner Karriere, für den ich noch heute sehr dankbar bin und den ich wohl immer als Glücksmoment in Erinnerung behalten werde.

Doch ich konnte das gute Gefühl nur für kurze Zeit aufrecht-erhalten. Denn schon wenige Tage nach der Vorstellung wurde ich auf einen anonymen Beitrag in einem Forum aufmerksam gemacht, welches sich um den Wettbewerb gebildet hatte. Der Verfasser äußerte sich empört darüber, dass ich als Nichtarchitekt überhaupt zur Teilnahme zugelassen worden war. Zusätzlich griff er das Gerücht auf, er hätte gehört, ich hätte mich in der Vergangenheit fälschlicherweise als studierter Architekt ausgegeben. Dass dieser Vorwurf erneut und gerade jetzt auf mich zukam, obwohl ich in den Jahren zuvor so penibel darauf geachtet hatte, eben gerade nicht als Architekt bezeichnet zu werden, entmutigte und enttäuschte mich sehr, insbesondere weil ich keine Möglichkeit hatte, den unbekannten Absender zur Rede zu stellen. Schließlich gab er seine Identität nicht preis und eine öffentliche Antwort im Forum erschien mir nicht sinnvoll, denn ich wollte diesen Denunziationen und konstruierten Vorwürfen nicht zu noch mehr Aufmerksam-keit verhelfen.

Als ich an jenem Nachmittag durch die Stadt ging, begegnete ich einem väterlichen Freund. Er hatte einige Jahre zuvor ein Haus von mir gekauft, und daraus hatte sich eine freundschaft-liche Beziehung entwickelt. Er war Psychologe, hatte sich jedoch auf Motivation und Coaching spezialisiert und gab Seminare zu diesen Themen. Mein Eindruck war, dass er im Gegensatz zu den vielen in der Branche, die gebetsmühlenartig nahezu dasselbe von sich geben, von eigenen Erkenntnissen und Überzeugungen geprägt und deshalb ein Original war.

Als er mich von der gegenüberliegenden Straßenseite aus erkannte, rief er winkend zu mir hinüber: »Hallo Baumeister, wie geht's denn?« Ich überquerte die Straße und antwortete im Glauben, er hätte von dem Beitrag im Forum gehört: »Eigentlich gut, doch diese haltlosen Unterstellungen, die ein Unbekannter mir im Internet vorwarf, haben mich irgendwie verletzt und auch etwas entmutigt. Vor allem deshalb, weil der Verfasser anonym bleibt und ich keine Möglichkeit habe, ihn davon zu überzeugen, dass er völlig falschliegt.«

Mein Freund, der den Beitrag, entgegen meiner Vermutung, gar nicht gelesen hatte, fragte gleich nach den Details. Als ich zu erzählen begann, unterbrach er mich und meinte, wir sollten uns ein wenig näher mit der Angelegenheit befassen. Deshalb sollte ich ihn am Nachmittag besuchen.

Als ich einige Stunden später vor seiner Haustür stand und er mich in einen kleinen Raum seines großen Hauses inmitten eines prächtigen Gartens führte, schaute er mich zunächst eine Weile nur schweigend an. Nach zwei, vielleicht drei Minuten begann er zu erklären: »Es gibt tatsächlich jemanden, der allen anderen überlegen ist.« Ich war zunächst verwirrt und schaute ihn ebenso wortlos an wie er mich zuvor. »Wer könnte das sein?«, wiederholte er. Ich antwortete: »Ich verstehe nicht ... Ich weiß nicht.« Er lächelte daraufhin ein wenig und begann mir zu erklären: »Es ist Gott, ja, der liebe Gott! Er ist tatsächlich besser als alle anderen. Und weil er besser ist als alle, ist es ihm gelungen, siebzig Prozent aller Menschen auf seine Seite zu ziehen. Dreißig Prozent sind Atheisten.«

Nun legte er erneut eine längere Pause ein und warf mir einen scharfen Blick zu, bevor er fortfuhr zu erklären. »Wenn man nach hundert Prozent strebt, läuft man Gefahr, unnötig Energie zu verschwenden und am Ende völlig ausgebrannt zu sein. Die unbequeme Wahrheit ist, dass es immer Widersacher geben wird. Einige von ihnen lassen sich niemals überzeugen, unabhängig von der Stärke der Argumente oder des persönlichen Einsatzes. Das Scheitern in solchen Fällen liegt dann nicht an der eigentlichen Sache oder den involvierten Personen, sondern kann durch eine persönliche Antipathie bedingt sein, die aus einem völlig anderen Kontext heraus entstanden ist. Anstatt sich sinnlos zu verausgaben, sollte man seine Energie denen schenken, die an einen glauben oder einem zumindest offen gegenüberstehen. Wenn man dann siebzig Prozent oder gar mehr auf seiner Seite hat, zieht man gleich mit dem lieben Gott, und alles ist bestens.« »Ja, aber …«, begann ich, doch bevor ich weitersprechen konnte, fügte er hinzu: »Weniger als sechzig Prozent sollten es nicht sein. Sollte das der Fall sein, wäre es ratsam, die eigenen Ziele zu überdenken und gegebenenfalls anzupassen. Hier geht es jedoch um das Ziel, hundert Prozent aller Menschen überzeugen zu wollen, und das wird niemals gelingen. Es ist eine Tatsache, die so alt ist wie die Menschheit selbst: Wer etwas bewegen will, wird immer auf Widerstände stoßen.«

Das, was mein väterlicher Freund an diesem Tag zu mir sagte, prägte meinen weiteren Lebensweg maßgeblich. Fortan konzentrierte ich mich nur noch auf Menschen, die hinter mir standen oder mir gegenüber zumindest unvoreingenommen waren. Wenn jemand nicht zu überzeugen war, akzeptierte ich das, ohne mich aufzureiben, zumindest solange ich über sechzig Prozent lag. Bereits während der ersten Begegnung versuchte ich herauszufinden, wer Probleme lösen wollte und daher wusste, dass gelöste Probleme Erfolge sind, und wer im Gegenteil Problemlösungen notorisch mied.

Leider verstarb dieser wunderbare Mensch vor einigen Jahren an einer schweren Krankheit. Kurz vor seinem Tod hatte ich die Gelegenheit, ihn ein letztes Mal zu besuchen. Ich hatte noch so viele Fragen an ihn, doch als ich neben seinem Bett saß, bemerkte ich, dass er über lange Zeit starken Schmerzen ausgesetzt gewesen war und ihm die Kräfte schwanden. Es machte mich sehr traurig zu erkennen, dass gerade er, ein Mann, der so viel Gutes in die Welt gebracht hatte, so leiden musste. Dass ich meinen lieben Freund noch ein letztes Mal sehen durfte und somit die Gelegenheit hatte, mich von ihm zu verabschieden, erfüllt mich mit großer Dankbarkeit.

Als schließlich über den Wettbewerb in der Stadtverordnetenversammlung abgestimmt wurde, entschied man sich für meinen Entwurf. Dass ich den Zuschlag erhielt, machte mich unglaublich glücklich und ich hätte am liebsten alle, die für mich gestimmt hatten, umarmt. Mit diesem Projekt erreichte ich in meiner Karriere eine neue Dimension, und die Aufgaben, die damit verbunden waren, empfand ich als ungeheuer spannend und inspirierend.

Doch erneut konnte ich nur kurz aufatmen und den Erfolg genießen, denn sogleich kam die nächste Herausforderung auf mich zu. Die Banken forderten für die Finanzierung einen hohen Eigenkapitalanteil, den ich zu diesem Zeitpunkt in der geforderten Höhe schlicht nicht besaß. Dass die Finanzierung plötzlich unsicher war, hatte ich nicht vorausgesehen, und es bereitete mir viele Sorgen, denn ich hatte mich zur Realisierung des Projekts bereits verpflichtet und musste dafür bürgen, es in den folgenden drei Jahren zu verwirklichen. Aber wie sollte ich ohne Finanzierung bauen?

Die Rettung kam unerwartet von anderer Seite, als kurz darauf zwei Männer unangekündigt mein Büro betraten. Einer von ihnen war ein älterer Herr, der andere noch jünger, vielleicht um die fünfzig. Als sie vor mir standen, gratulierten sie mir zuerst zu meinem Erfolg. Ich konnte mit den beiden Herren zunächst nichts anfangen, denn ich kannte sie weder vom Sehen, noch hatte ich ihre Namen jemals zuvor gehört.

Nach einigen Minuten fragte mich der Ältere, was ich mit dem Projekt vorhätte. Da ich das Projekt aufgrund seines Umfangs keinesfalls hätte behalten können, antwortete ich, dass ich vorhätte, es nach Fertigstellung zu verkaufen. Daraufhin meinte er: »Verkaufen Sie es doch einfach jetzt gleich an mich.« Ich blickte ihn skeptisch an und antwortete, dass ich mir dies grundsätzlich vorstellen könnte, allerdings wäre es mir erst nach Fertigstellung möglich. Schließlich hätte ich mich verpflichtet, es genau so zu bauen, wie ich es der Stadt anhand meiner Pläne präsentiert hatte, und das sei letztlich nur dann sichergestellt, wenn ich es auch selbst realisiere. »Das können Sie«, sagte er, »ich könnte es doch jetzt kaufen, und Sie bauen es für mich exakt nach Ihren Ideen und Plänen.«

Daraufhin fragte ich ihn, worauf sich sein großes Interesse überhaupt gründe. »Schauen Sie«, antwortete er, »ich habe mich vor vielen Jahren selbstständig gemacht, zunächst mit einer kleinen Maklerfirma. Mein erstes Geschäft habe ich hier in diesem Ort abgeschlossen, und es hat mir Glück gebracht. Ich denke, jetzt, etwa sechzig Jahre später, wird es Zeit, wieder hier zu investieren. Denken Sie in Ruhe darüber nach und rufen Sie mich an, wenn Sie sich entschieden haben.« Abschließend gab er mir seine Telefonnummer und die beiden verabschiedeten sich freundlich.

Natürlich begann ich sofort damit zu recherchieren und fand schnell heraus, dass der ältere Herr der Gründer und Inhaber mehrerer großer Handelsketten in Deutschland und den USA war und zu den reichsten Deutschen zählte. Da ich die Risiken minimieren wollte, um ruhig schlafen zu können, rief ich nur wenige Tage später in seinem Büro an und ließ ausrichten, dass ich gerne mit ihm über seinen Vorschlag verhandeln möchte. Noch am selben Tag erhielt ich einen Anruf, und man bat mich, in die Zentrale nach Mülheim zu kommen. Dann ging alles sehr schnell, und der Vertrag war reine Formsache. Das Projekt war verkauft, und ich erhielt Abschlagszahlungen, wodurch die Finanzierung gesichert war.

Daraufhin beauftragte ich einen mittelständischen General-unternehmer mit der Errichtung des Projekts. Die Bauphase verlief insgesamt reibungslos, jedoch geriet das Unternehmen immer wieder ins Hintertreffen bei der Vergabe von Subunter-nehmerleistungen. Letztlich gelang es der Firma nicht, den vertraglich festgelegten Fertigstellungstermin einzuhalten. Für mich war das jedoch kein wirkliches Problem, da ich vor-sorglich einen Puffer zwischen den Fertigstellungstermin des Generalunternehmers und die Übergabe an den Investor ein-gebaut hatte.

Obwohl mir kein Schaden entstand, empfahlen mir der Projektsteuerer und der begleitende Jurist nach der Abnahme der Bauleistung, die gemäß dem Generalunternehmervertrag vereinbarte Vertragsstrafe geltend zu machen. Es handelte sich um eine beträchtliche Summe von fünfhunderttausend Euro. Ich tat mich mit den Gedanken schwer, da ich vermutete, dass das Unternehmen aufgrund des Zeitverzugs und der dadurch entstandenen Mehrkosten bereits keinen Gewinn mehr er-zielte. Es erschien mir auch als unfair, da ich ja selbst keiner-lei finanziellen Schaden durch die Verzögerung erlitten hatte. Letztlich gelangte ich zur Entscheidung, auf die Geltend-machung der Pönale zu verzichten.

Zwar bedeutete das Entgegenkommen einen deutlichen Gewinnrückgang, jedoch im Rückblick zahlte es sich be-reits mittelfristig aus. Wie war das möglich? Meine Ent-scheidung hatte eine positive Wirkung im Hintergrund und verhalf mir damit zu langfristigem Aufschwung. Indem das

Bauunternehmen mein Vorgehen als besonders fair wertete, äußerte es sich gegenüber Dritten stets positiv über mich. Als ich bemerkte, dass mein Entschluss zudem ein gutes Gefühl in mir hinterließ, begann ich, alle künftigen Überlegungen anhand ethischer Werte zu überprüfen. Am besten gelang mir das, wenn ich die Perspektive des Vertragspartners einnahm und meine Entscheidungen auch aus dessen Sicht abwog. Ich fragte mich jeweils, ob ich mein Vorgehen auch dann noch als gerecht empfinden würde, wenn ich mich in der Position der Gegenseite befände. Weil ich moralische Werte konsequent beachtete, wurde ich von anderen Bauunternehmen, Projektbeteiligten und Banken als ein fairer, wenn auch geschäftstüchtiger Kaufmann wahrgenommen, und das war die essenzielle Basis für meinen weiteren Erfolg. Es erleichterte mir den Zugang zu vielen neuen und weitaus größeren Projekten. Ich erkannte, dass ein kurzfristiger Verlust mittel- und langfristig ein großer Gewinn sein kann.

Als ich meine Karriere begann, hatte ich noch nicht vollständig erfasst, wie wichtig es ist, Werte wie Integrität, Respekt, Verantwortung und Dankbarkeit konsequent zu beachten. Und selbst als ich ihre Bedeutung realisierte, stellte es eine Herausforderung für mich dar, sie konsequent zu leben. Denn sich allein an das Gesetzbuch zu halten, reicht meiner Erfahrung nach nicht aus. Als Menschen tendieren wir dazu, die Realität unseren Wünschen entsprechend zu interpretieren. Es liegt in unserer Natur, hin und wieder Wahrheiten zu verdrehen, um Fehlannahmen oder übermäßig egoistische Ziele zu rechtfertigen. An einer Täuschung festzuhalten, scheint bequemer zu sein, als Irrtümer einzugestehen. Selbst wenn das Gewissen zur Umkehr mahnt, halten manche Menschen an einer verzerrten Realität fest. Sie suchen Bestätigung ihres Irrglaubens, indem sie sich mit Mitläufern umgeben, die entweder ebenfalls blind für die Tatsachen sind oder aus einer falschen Solidarität heraus zustimmen, weil sie sich davon eigene Vorteile erhoffen.

Um den Weg zu unserem Leitstern zurückzufinden und uns von Verblendung zu befreien, ist es unverzichtbar, auf ehrliche Selbstreflexion und Integrität zu setzen. Wahre Freunde, die uns unterstützen und uns gleichzeitig die Wahrheit sagen, wenn wir Gefahr laufen, uns selbst zu belügen, sind in diesen Zeiten eine unschätzbare Hilfe.

Die Dynamik, die sich aus der Akzeptanz irreführender Überzeugungen entwickelt, gewinnt an Kraft, je mehr Menschen sich einer Illusion anschließen. Es bereitet mir immer großes Unbehagen zu erkennen, wie eine Gruppe von Anhängern wächst, hauptsächlich weil bereits eine beträchtliche Anzahl von Menschen dem entsprechenden Irrtum erlegen ist, ungeachtet dessen, wie abwegig er auch sein mag. Und wenn sich eine solche manipulierte Realität erst einmal etabliert hat, ist es schwierig, sie zu widerlegen, da der irrige Glaube sich in der Regel vor anderen Auffassungen verschließt. Leider bleibt, selbst dann wenn das Lügengerüst instabil wird und schließlich zusammenbricht, immer eine Handvoll Unbelehrbarer zurück. Die Überzeugung, es sei an allem etwas Wahres dran, wirkt nach und reflektiert unangemessene Vermutungen, als würde die Lüge doch einen Funken Wahrheit enthalten. Dies führt immer wieder dazu, dass sowohl Einzelpersonen als auch Gesellschaften oder gar ganze Völker mit Ungerechtigkeiten und falschen Beschuldigungen belastet werden.

Um Verblendung vorzubeugen, ist es entscheidend, unsere Überzeugungen regelmäßig im Licht moralischer Werte zu überprüfen. Denn es ist allzu leicht, Fehlverhalten als legitim zu betrachten, wenn es von vielen anderen Menschen ebenfalls begangen wird. Werte wie Ehrlichkeit, Integrität, Respekt und Verantwortung erlauben jedoch keine individuelle Auslegung. Sie gelten universell und sind nicht davon abhängig, wie viele Menschen sie missachten.

Im Geschäftsleben erfordert langfristiger Erfolg nicht nur einen guten Geschäftssinn und einen umsichtigen Umgang mit Einnahmen und Ausgaben. Er ist ebenso verankert in der konsequenten Befolgung moralischer Leitlinien. Erfolge, die ohne diese Grundlage erzielt werden, sind meist nur von kurzer Dauer und führen am Ende häufig zu ernsthaften Schwierigkeiten.

Beherzigen wir das Kausalitätsprinzip, können wir erkennen, dass unsere Entscheidungen und Handlungen Ursachen setzen, die im Verborgenen weiterwirken und unsere Zukunft, meist von uns unbemerkt, beeinflussen.

Wenn wir bei unseren Entscheidungen nicht nur die kurzfristigen Auswirkungen beachten, sondern auch die langfristigen, und wahren Erfolg darin sehen, dass keine Verlierer zurückbleiben, werden wir mit etwas sehr Kostbarem belohnt. Im Einklang mit dem Kausalitätsprinzip erkennen wir, dass das Schönste am Erfolg darin besteht, in großer Dankbarkeit etwas zurückgeben zu können.

Emilio

KAPITEL 8

Außer Kontrolle:
Die Fragilität gesellschaftlicher und religiöser Werte

Gerechtigkeit und Sicherheit sind in unserer Gesellschaft sehr fragil. Das wird daran deutlich, wie schnell wir die Kontrolle über uns verlieren können, wenn wir zum Beispiel von überwältigenden Emotionen einer Masse mitgezogen werden. 1983 wurde mir während einer Massenhysterie eindringlich vor Augen geführt, wie von einem Moment auf den andern weder Gesetze noch gesellschaftliche Normen oder rationale Argumente irgendeine Bedeutung haben. Die überwältigenden Gefühle in einem solchen Umfeld können zum Verlust jeglicher Selbstkontrolle führen, sodass etablierte Strukturen und Werte in den Hintergrund treten. Um in einer solchen Situation einem Kontrollverlust vorzubeugen, müssen wir uns ein weiteres universelles Prinzip, das der kritischen Reflexion, zu eigen machen.

Schon als kleiner Junge konnte ich stundenlang fasziniert in unserem großen geografischen Lexikon blättern, um in meiner Fantasie ferne Länder zu bereisen. Als ich Anfang der Achtzigerjahre, längst erwachsen, durch ein erfolgreiches Geschäft den notwendigen finanziellen Spielraum erlangte, sollte jener lang ersehnte Kindheitstraum sich endlich verwirklichen. Jetzt musste ich nur noch entscheiden, wohin meine erste Entdeckungstour gehen sollte. Doch das war schwieriger als gedacht. Also ging ich in ein Reisebüro, um mich inspirieren zu lassen. Dort fiel die Entscheidung schneller als vermutet – sogar ohne Unterstützung. Mein Entschluss stand bereits fest, als der Reiseberater nach kurzem Austausch mit mir an einem mit Broschüren gefüllten Regal die passenden Prospekte für mich heraussuchte. Während ich wartete, ruhte mein Blick auf einem Bild hinter seinem Arbeitsplatz. Es zeigte einen prachtvoll geschmückten Elefanten an einem atemberaubenden Strand in Sri Lanka. Ohne zu zögern, entschied ich mich spontan, ein Ticket auf genau diese Insel zu buchen. Und so saß ich bereits vier Tage später in einem Jumbojet der Srilankan Airlines in Richtung Sri Lanka.

Am Flughafen Frankfurt hatte ich mir kurz vor dem Abflug zwar einen Reiseführer gekauft, doch als ich nach über zehn Stunden Flugzeit die Gangway hinabstieg, wusste ich fast nichts über die Insel. Ich hatte viel zu warme Kleidung dabei. Das wurde mir sofort deutlich, als ich über das Rollfeld ging und Feuchtigkeit und Hitze mir förmlich den Atem raubten. In der Halle nahm ich mein Gepäck vom Laufband und trat aus dem kleinen Terminal hinaus ins Freie. Dort erwarteten mich heftige Betriebsamkeit und lautes Stimmengewirr. Bevor ich mich ein wenig orientieren konnte, waren mehrere Männer auf mich zugekommen. Sie schienen in großer Aufregung.

Einige waren so enthusiastisch, dass sie nicht davor zurückscheuten, mich am Arm festzuhalten um mir mit lebhaftem Eifer ihre Hilfe aufzudrängen. Doch es gab auch andere, die angenehm zurückhaltend waren und mir lediglich ihre selbst gemalten Schilder mit Städtenamen entgegenstreckten. Mir wurde schnell klar, dass sich alle von ihnen in einer geschäftlichen Verbindung mit einem der Transportunternehmen befanden, deren Fahrzeuge hier vor dem Flughafen kreuz und quer herumstanden.

Auf den Hinweisschildern an der Windschutzscheibe der kleinen bunt bemalten Busse war der jeweilige Zielort in singhalesischen Schriftzeichen vermerkt. Da ich diese nicht entziffern konnte, war ich gezwungen, mich auf die Anwerber zu verlassen. Kaum aber hatte ich es gewagt, einen von ihnen anzusprechen, stürmten viele weitere auf mich zu. Alle redeten pausenlos auf mich ein, sodass ich am Ende überhaupt nichts verstand. Ich machte es mir einfach und betrat kurzerhand den Minibus unmittelbar vor mir, der, wie ich vom Fahrer erfuhr, in Richtung Süden der Insel aufbrechen sollte. Das darauffolgende Erlebnis in einem völlig überfüllten Transporter wurde eine echte Herausforderung für mich. Der Bus raste mit erschreckender Geschwindigkeit die enge, kurvenreiche Küstenstraße entlang, hupte unaufhörlich und schrammte unentwegt bedrohlich knapp an Fußgängern, Radfahrern, Karren und Elefanten vorbei. So hätte ich es mir selbst in meinem schlimmsten Albtraum nicht ausmalen können.

Oftmals schien eine Kollision praktisch unvermeidlich, und mir blieb mehrmals fast das Herz stehen. Doch irgendwie schaffte es der Fahrer im letzten Augenblick, dem drohenden Desaster mit einem geschickten Schlenker auszuweichen. Nach einer dreistündigen, entsprechend aufwühlenden Fahrt erreichten wir Hikkaduwa, ein kleines Fischerdorf, das an einem endlosen Palmenstrand vor sich hin träumte. Während des Fluges hatte ich in meinem Reiseführer über Hikkaduwa gelesen und wusste, dass es als Paradies für Surfer und Hippies galt. Durch das offen stehende Fenster konnte ich Letztere neben Einheimischen auch überall auf den Straßen erblicken. Die schönen Häuser, der hellgelbe Strand und die Menschen sahen so einladend aus, dass ich spontan entschied, hier auszusteigen.

An der nächsten Haltestelle sprang ich aus dem Bus, der, ehe ich mich umgedreht hatte, in Windeseile davonsauste. Erschrocken schrie ich ihm hinterher: »Stopp, mein Rucksack!« Denn der lag noch im Gepäckfach. Doch das half mir nicht; der Fahrer schien mich weder zu hören noch im Rückspiegel zu bemerken, und so blieb mir nichts anderes übrig, als ihn, wenn irgend möglich, einzuholen. Dabei kam mir, Gott sei Dank, ein quer stehender Lastwagen zu Hilfe, der den Transporter glücklicherweise nach einigen Hundert Metern zum Stoppen zwang. Abgehetzt klopfte ich an die Fahrertür und erntete zunächst nur einen abweisenden, ernsten Blick. Doch weil ich nicht nachließ, hatte der Fahrer Nachsicht, kurbelte die Scheibe hinunter und begriff, was ich von ihm wollte. So gelang es mir, kurz bevor der Bus erneut davoneilte, zu meinem Gepäck zu kommen.

Erleichtert und abgekämpft setzte ich mich an den Rand der Straße, um mich ein wenig auszuruhen und inmitten dieser fremden Stadt nach Orientierung zu suchen. Dabei fiel mir auf der gegenüberliegenden Seite ein Schild mit der Aufschrift »Rooms for rent« auf. Noch immer erschöpft von der Verfolgungsjagd betrat ich den Vorgarten einer hübschen kleinen Villa und gelangte an die offene Eingangstür. Doch weil weit und breit kein Mensch zu sehen war und auch Rufen nichts half, entschloss ich mich, nach etwas anderem zu suchen. Als ich zurück zur Straße ging, winkte mir eine Singhalesin, rief mich zu sich und fragte, ob ich Interesse an einem Zimmer hätte.

Ich folgte ihr durch eine schöne kleine Vorhalle zum angebotenen Gästezimmer. Die Singhalesin schien besonders stolz auf den Ventilator an der Decke zu sein, denn sie machte mich fortwährend darauf aufmerksam. Das Zimmer gefiel mir sehr, es war einladend eingerichtet, hell und sauber und besaß sogar ein eigenes kleines Duschbad. Der Preis von lediglich tausend Rupien pro Tag war so unglaublich günstig, dass ich zuerst dachte, ich hätte den Wechselkurs falsch in Erinnerung. Ich brauchte nicht weiter zu überlegen, sagte sofort zu und war überaus glücklich, so rasch eine so angenehme Unterkunft gefunden zu haben.

Die freundliche Vermieterin verließ den Raum, ich legte mein Gepäck ab und spürte das unwiderstehliche Verlangen, noch an diesem ersten Tag ins Meer zu springen. Hastig kramte ich meine Badehose hervor und eilte zum Strand, der direkt an den Garten des Hauses grenzte. Als ich vor dem tosenden Meer stand und mir der warme Wind über die Haut strich, tauchte der rotgoldene Stern, unsere Sonne, am Firmament alles um mich herum in ein magisches Licht. Dieser erste Eindruck war so überwältigend, dass ich die folgenden Tage fast nur noch am Strand oder im Wasser verbrachte.

Schon früh am Morgen schwamm ich zum Schnorcheln über die Brandung hinweg zu einem farbenprächtigen Korallenriff, das voller leuchtender Fische in allen erdenklichen Farben und Formen war. Und wenn mir eine dieser riesigen, so unglaublich sanftmütig wirkenden Meeresschildkröten begegnete, klammerte ich mich für eine Weile an ihren Panzer, fühlte mich frei wie ein Fisch und ließ mich von ihr davontragen. In den ersten Nächten wurde mir schnell auch der Wert des Ventilators klar, denn er machte nicht nur die tropischen Nächte erträglicher, sondern vertrieb vor allem auch die lästigen Mücken.

Nicht allein diese zauberhafte Unterwasserwelt zog mich fest in ihren Bann. Ich erinnere mich noch immer genau an jenen späten Nachmittag dieser ersten Tage, als ich durch das offen stehende Fenster vernahm, wie das geschäftige Treiben auf der Straße plötzlich von dem hellen Klingen kleiner Glocken unterbrochen wurde.

Sofort eilte ich hinaus, um zu sehen, was dort draußen vor sich ging. Ich schaute die Straße hinunter und erkannte einen Prozessionszug buddhistischer Mönche. Sie sahen so unglaublich erhaben aus, während sie an mir vorüberzogen. Ihre strahlend orangefarbenen Gewänder leuchteten im sanften Licht des späten Nachmittags noch intensiver. Selbst im Gehen schienen sie in tiefer Meditation versunken. Sie schritten mit gefalteten Händen hintereinander her, und auf wundersame Weise schien sich ihre Botschaft des Friedens und der Dankbarkeit im ganzen Dorf zu manifestieren. Denn wo immer ich auch den Singhalesen begegnete, auf Märkten, an Straßenständen oder in der kleinen Poststation Hikkaduwas, sah ich strahlende Gesichter voll von Lebensfreude und Zufriedenheit. Das alles war so schön für mich, dass ich abends im Bett kaum erwarten konnte, bis endlich der neue Tag anbrach.

Über diese wunderschönen Erlebnisse hinaus gab es als besonderen Leckerbissen überall dieses köstliche, traditionelle Essen. Eine Küche mit einer unglaublichen Vielfalt an Gewürzen, Aromen und Texturen, welche sich durch die Einflüsse unterschiedlicher Kulturen auf der Insel stetig weiterentwickelt und verfeinert hat. Stets konnte man frische Meeresfrüchte genießen, die manchmal sogar so frisch waren, dass sie noch nach dem Servieren vom Teller sprangen. Tatsächlich erlebte ich ein solches Szenario, das sich an einem Nachbartisch im Restaurant abspielte, als ein Hummer in dem Moment vom Teller sprang, als ein Gast gerade vorhatte, ihn zu zerlegen. Schnell eilten Kellner herbei, fingen das arme Tier ein um es ein zweites Mal dieser traurigen, recht grausamen Prozedur auszusetzen, bei der es lebend ins siedende Wasser geworfen wird. Vermutlich wusste der Koch nicht, wie lange man Hummer kochen muss, denn sie gehören eigentlich nicht zur traditionellen Küche Sri Lankas und werden vorwiegend für Touristen angerichtet.

Ein Restaurant, das sehr einfach war und direkt an der Durchgangsstraße lag, wurde zu meinem absoluten Favoriten, nicht nur, weil es die besten Currys der ganzen Stadt servierte, sondern insbesondere wegen der Herzlichkeit der Gastgeber. Es trug den Namen »Living Kitchen« und als ich das Schild am Eingang das erste Mal sah, musste ich zunächst schmunzeln, da ich an die vielen Kakerlaken denken musste, die immer wieder um die Häuser herum zu sehen waren. Doch beim Eintreten fiel mir gleich auf, dass es überaus sauber und gepflegt war. Lediglich die mit einem Drahtgeflecht verschlossenen Fensteröffnungen waren etwas gewöhnungsbedürftig für mich. Die spartanische Einrichtung wurde durch einen sorgsam geschmückten buddhistischen Hausaltar so bereichert, dass jede weitere Dekoration nur gestört hätte.

Ich war fast an allen Tagen, entweder mittags oder abends, im »Living Kitchen«, und wenn die Familie meine Begeisterung über das Essen erlebte, freuten sich alle sehr. In gewisser Weise fühlte ich mich nach einigen Tagen fast schon als Teil der Familie. Maduranga, der älteste Sohn, setzte sich stets zu mir, um mir über sein Leben in Ceylon, wie Sri

Lanka ursprünglich hieß, über den Aberglauben der Älteren und von seinen Träumen zu erzählen.

Eines Mittags erklärte er mir die Rituale, die im buddhistischen Glauben seiner Familie verwurzelt waren, und auch vom heiligen Berg Sri Pada. Der Aufstieg sei gleich einer spirituellen Reise – eine nächtliche Pilgertour mit dem Ziel, vom Gipfel aus einen atemberaubenden Sonnenaufgang zu erleben. Für die Buddhisten sei der Berg ein Symbol für den Weg zur Erleuchtung. Der anstrengende Aufstieg selbst würde als Metapher für Buddhas Lehren und den Pfad zur Erleuchtung betrachtet, wobei jeder Schritt auf dem Weg zum Heiligtum eine Überwindung weltlicher Bindungen symbolisiere.

Sollte ich mit ihm den Pfad zur Bergspitze des Sri Pada erklimmen, so versicherte mir Maduranga, würde mir bei Sonnenaufgang eine besondere spirituelle Erfahrung zuteilwerden, die mein persönliches Karma lebenslang verbessere. Mit diesen Worten ließ ich mich leicht überzeugen. Und ja, den Pilgerweg zum Sri Pada gemeinsam mit Maduranga anzutreten, war eine der besten Entscheidungen meines Lebens. Allein die Schönheit der Landschaft war so beeindruckend, dass ich selbst heute, über vierzig Jahre später, in manchen Nächten noch immer davon träume.

Am nächsten Morgen saßen wir im Bus nach Ratnapura, um uns noch vor Sonnenuntergang auf den Weg zu machen. Zuerst führte unsere Route durch flaches Land, vorbei an Reisfeldern, idyllischen Dörfern und Teichen. Mit der hereinbrechenden Dämmerung begegneten uns immer mehr Steigungen, während wir zunehmend tiefer in einen dichten Tropenwald gerieten. Schon kurze Zeit später verdeckten die mächtigen Kronen der Baumriesen den Himmel über uns vollständig und es wurde schlagartig dunkel. Mir kam es vor, als hätten wir uns in ein geheimnisvolles Labyrinth aus Schatten und diffusen Silhouetten begeben. Nur noch gelegentlich unterbrach das silbrige Licht des Mondes, das durch die wenigen Lücken im dichten Blätterdach hindurchdrang, die Dunkelheit. Es gab Phasen fast gespenstischer Stille, die schlagartig wieder vom schrillen Ruf nächtlicher Vögel zerrissen wurde. Sobald wir auch nur für einen Moment stehen blieben, wurde die Geräuschkulisse augenblicklich durch ein Gemisch von summenden Insekten und Rascheln im Unterholz beherrscht. Und all diese intensiven Sinneseindrücke wurden durch einen betörenden Geruch aus erdigen Aromen, dem süßen Duft blühender Blumen und der Frische von Moosen und Pilzen untermalt, der sich bei jedem Atemzug tief in mir ausbreitete.

Unser stundenlanger Aufstieg im nächtlichen Tau über Wurzeln und Steine hinweg wurde zunehmend anstrengend, und wir waren froh, als wir neben unserem Pfad den Schein von Öllampen entdeckten, die aus einem kleinen Unterstand zu uns leuchteten. Als wir die aus Palmen und Bananenblättern erbaute Laube erreichten, breitete sich vor uns der Duft von Vanille und Kräutern aus. Er stieg aus einem Feuerkessel auf, in dem ein Singhalese mit langem Bart und tiefblauem

Turban aromatischen Tee zubereitete. Wir setzten uns auf einen quer liegenden Baumstamm, tranken dieses köstliche Getränk und beobachteten im flackernden Feuerschein die ausdrucksvollen Gesichter der Pilger, die während ihrer Rast in tiefer religiöser Versenkung zu sein schienen. Dabei beeindruckte mich sehr, dass selbst hochbetagte Menschen durch ihren Glauben die Kraft fanden, die Herausforderungen und Mühen, die der Aufstieg mit sich brachte, zu bewältigen. Einige von ihnen schliefen neben der Hütte auf Bastmatten; sie hatten sich die Wanderung zum Gipfel, wie Maduranga erklärte, in mehrere Etappen aufgeteilt.

Als ich die Schlafenden so friedlich nebeneinander liegen sah, überkam auch mich eine bleierne Müdigkeit und ich hätte mich am liebsten, wenn auch nur für ein Viertelstündchen, zu ihnen gelegt. Doch Maduranga drängte mich bereits nach wenigen Minuten weiterzugehen. Unser Pfad sei noch lang, und wir müssten uns beeilen, denn schon in wenigen Stunden würde die Sonne aufgehen. Und tatsächlich zog sich unsere nächtliche Wanderung hin, und die Strecke wurde immer steiler. Selbst die sinkenden Temperaturen, je höher wir kamen, brachten mir keine wirkliche Erleichterung. Vor allem aber machten mir die brennenden Blasen, die sich an meinen Füßen gebildet hatten, zunehmend zu schaffen und ich musste immer wieder für eine kurze Zeit stehen bleiben. Als Maduranga bemerkte, dass ich kontinuierlich langsamer wurde, schaute er kurz zu mir zurück und fragte, ob wir unser Ziel, den Gipfel noch vor Sonnenaufgang zu erreichen, nicht besser verwerfen sollten. Aufgeben aber war keine Option für mich und so antwortete ich ihm, dass ich nach wie vor fest entschlossen sei, den Sonnenaufgang vom Sri Pada aus zu erleben, ganz gleich welche Hindernisse sich ergeben würden.

Und so schleppte ich mich weiter durch die Nacht, bis unvermittelt die Morgendämmerung hereinbrach. In diesem Moment, als die zunehmende Helligkeit uns die knappe verbleibende Zeit aufzeigte, rannten wir, ohne dass Worte nötig gewesen wären, augenblicklich los. Nach einer gefühlten Ewigkeit traten wir aus dem dichten Dschungel auf eine Lichtung. Von hier aus präsentierte sich uns der majestätische Anblick des Sri-Pada-Gipfels. Aus dieser wunderschönen Perspektive erkannten wir aber auch die schier unendliche Kette von Steinstufen, die sich wie eine imposante Himmelsleiter vor uns erstreckte und die wir noch zu überwinden hatten.

Als ich diesen letzten Anstieg vor mir sah, begann ich ernsthaft daran zu zweifeln, das heilige Plateau noch vor Sonnenaufgang zu erreichen. Doch wo wir unser Ziel so unmittelbar vor Augen hatten, durften wir nicht einfach aufgeben. Ich schaute noch einmal hinauf und erinnerte mich im Angesicht des Sri Pada an Madurangas Versprechen eines verbesserten Karmas und fand zurück zur Zuversicht. Auch wenn meine Beine nach jeder Stufe stärker schmerzten, hielt ich durch. Und tatsächlich: In den allerletzten verbliebenen Minuten entschieden wir dieses atemberaubende Rennen gegen die Zeit doch noch für uns.

Überglücklich und erfüllt ließen wir uns am Gipfel auf einem Felsen nieder, schauten uns lächelnd an und richteten unsere Blicke erwartungsvoll nach Osten. In jenem Moment, kurz vor dem ersten Sonnenstrahl, wurden wir von einer wundersamen Stille ergriffen, einer tiefen Ruhe, die alles in und um uns durchdrang. Mir schien, als würde das Universum einen tiefen Atemzug nehmen. Dann erhob sich die Sonne und verwandelte die Stille in ein Klangkonzert des Erwachens. Im nächsten Moment entfaltete sich das Leben des Regenwalds in seiner ganzen Fülle. Die ersten Sonnenstrahlen glitzerten auf dem dichten Blätterdach des Dschungels, der sich zu unseren Füßen erstreckte, und um uns herum zeichnete das sanfte Morgenlicht schimmernde Muster auf den feuchten Boden. Das einnehmende Lichtspiel wurde symphonisch von Vogelgesängen und Tiergeschrei begleitet, welche vom Rauschen der Blätter untermalt wurden. Jener morgendliche Moment war durchdrungen von Leben in tiefer Verbindung zur Natur.

Überwältigt vom Geschehen, sah ich mich um und beobachtete, wie der mächtige Schatten des Sri Pada am gegenüberliegenden Berghang sichtbar wurde.

Erneut wandte ich mich der Sonne zu, schloss meine Augen und spürte, wie sich die Energie des neuen Tages sanft auf mich übertrug. Und während ich das Lichtspiel der Sonnenstrahlen mit geschlossenen Augen verfolgte, erkannte ich immer deutlicher die Silhouette einer zarten Rose auf meinen Lidern. Sie zog mich magisch zu sich, schien mich auf betörende Weise zu rufen. Alles, was mich in diesen Sekunden noch festhielt, löste sich auf. Ich gab mich der Empfindung voller Freude hin und erkannte in dem Bild jene Rose aus meiner frühen Kindheit wieder, die mir die Libelle einst bei Louis und Erna offenbart hatte. Es ist diese Blüte, die fortwährend in mir atmet, in mir liebt und in mir träumt. Hier, auf diesem heiligen Berg, offenbarte sie sich mir erneut und ließ mich erkennen, dass allem, was existiert, die gleiche vereinende, unermessliche Schönheit innewohnt.

Maduranga und ich blieben sitzen, bis die Sonne hoch am Himmel stand, und sahen den vielen Mönchen und Pilgern zu, die sich vor der Felsformation, die den Fußabdruck Buddhas verkörperte, versammelten und ihre Gebete sprachen. Erst Stunden später traten wir den Heimweg an. Während wir die Stufen hinabwanderten, durchströmte mich ein herrliches Gefühl von ungestörter Verbindung, in dem mir nichts mehr fremd oder mühevoll erschien, ein Gefühl, beseelt zu sein.

Jetzt, im Licht der Sonne konnten wir die atemberaubende Landschaft, durch die wir nachts gelaufen waren, in all ihrer Pracht bewundern. Mitten auf der Strecke stießen wir auf einen Fluss, an dessen Ufer ein Schild mit der Aufschrift »Drinking Water« stand. Wir badeten in diesem wunderbar erfrischenden Wasser und tranken während des Schwimmens davon. Erst am Nachmittag erreichten wir Ratnapura. Gerade rechtzeitig vor seiner Abfahrt erwischten wir einen Bus, mit dem wir zurück nach Hikkaduwa fahren konnten. Gegen

Abend kam ich völlig ausgelaugt in meiner Unterkunft an und hatte nicht einmal mehr die Kraft zu duschen oder die Zähne zu putzen. Ich streifte meine Kleidung ab und kroch erschöpft unter das Moskitonetz.

Mitten in der Nacht riss mich ein brennender Schmerz auf meinem Kopf aus dem Schlaf, als würde jemand eine glühende Zigarette darauf ausdrücken. Reflexartig griff ich nach der Stelle und spürte etwas Hartes, das ich, weg von mir, auf den Steinboden schleuderte. Schlaftrunken schaltete ich das Licht an und entdeckte zu meiner Überraschung einen großen, dicken Käfer. Vermutlich hatte er sich verirrt und versucht, durch das Netz zu kriechen, um in meinen Haaren Unterschlupf zu finden. Kurzerhand entschied ich mich, ihn zur Strafe über Nacht in einer leeren Zigarettenschachtel einzusperren. Erst als ich spät am nächsten Tag aufwachte, betrachtete ich ihn genauer und kam zu dem Schluss, dass er ein friedliches Wesen sei. Ich setzte ihn auf der Terrasse ab und beobachtete, wie er zunächst am Boden entlangtorkelte, bevor er blitzartig und tief brummend davonflog.

Nicht alle Insekten, die mir in Sri Lanka begegneten, waren von solch friedlicher Natur. Eines anderen Tages fand ich morgens neben meinem Bett ein größeres, schwarzes wurmartiges Wesen vor. Als ich die Dame des Hauses beiläufig darum bat, es zu entfernen, löste ich in der ganzen Familie eine regelrechte Panik aus. Zunächst verstand ich nicht, warum, bis man mich darüber aufklärte, dass es sich um einen giftigen Tausendfüßer handle. Wie man mir später erklärte, ist sein Biss sehr schmerzhaft und kann erhebliche allergische Reaktionen auslösen. Hinzu kommt, dass sie sich schwer fangen lassen, da sie flink und schnell sind. Wenn man nicht aufpasst, krabbeln sie einem in Panik am Bein hinauf unter das Hosenbein. Als ich das hörte, habe ich erst mal tief durchgeatmet. Immerhin hatte ich die ganze Nacht mit ihm verbracht, und es hätte leicht passieren können, ihn beim Aufstehen zu übersehen und womöglich auf ihn zu treten.

Die Wochen in diesem strahlenden Land vergingen wie im Flug und ich war bereits über zwei Monate auf Sri Lanka. Ich hatte die Zeit fast vergessen. Als mir bewusst wurde, dass sich meine Reise dem Ende näherte, spürte ich eine tiefe Wehmut. Doch ich fand ein wenig Trost in dem Gedanken, dass es immer die schönsten Tage sind, die so rasch verfliegen, dann aber in der Landschaft unserer Erinnerungen paradoxerweise von den kürzesten zu den längsten und nachhaltigsten Momenten in unserem Gedächtnis heranreifen.

Jetzt, wo mir nur noch wenig Zeit auf Sri Lanka blieb, traf ich Maduranga an allen Tagen. Wir haben gemeinsam noch so viel erlebt und waren von früh bis spät unterwegs. Einmal fuhren wir entlang eines Mangrovenwaldes mit einem kleinen Boot die Dodanduwa-Lagune hinauf, gingen fischen oder schraubten am alten, kaputten Motorrad des Opas herum, das wider Erwarten am Ende sogar ansprang. Doch auch wenn jeder Tag so viel Spaß und Freude brachte, blieb unser Abenteuer durch den Dschungel zum Sri Pada für mich von ganz besonderer Bedeutung. Damals war eine tiefe Verbindung zwischen uns entstanden, die immer in mir gegenwärtig bleiben wird.

Leider musste ich die Insel so überhastet verlassen, dass ich mich von Maduranga nicht einmal mehr verabschieden konnte. Seither habe ich ihn auch nicht wiedergesehen. Der Grund dafür war ein Stimmungswandel im Dorf, den ich niemals für möglich gehalten hätte. Plötzlich standen überall Gruppen von Einheimischen zusammen, die aufgeregt und gestikulierend zu diskutieren schienen. Maduranga erklärte, dass es um Spannungen mit den Tamilen ginge, die im Norden der Insel vermehrt zu gewalttätigen Auseinandersetzungen führten. Hier im Süden müssten wir uns keine Gedanken machen. Ich mochte es nicht recht glauben, denn die Anspannung war auch hier in Hikkaduwa unverkennbar. Allerdings hätte ich nicht im Entferntesten erahnt und auch nicht für möglich gehalten, dass es sich hierbei um die Anfänge eines sechsundzwanzig Jahre andauernden Bürgerkriegs handelte.

Die zunehmende Aggression unter der einheimischen Bevölkerung, hervorgerufen durch ethnische Konflikte zwischen Singhalesen und Tamilen, beeinträchtigten nicht nur das gesellschaftliche Leben des Landes, sondern führten vermehrt auch zu Spannungen mit Touristen. Das Interesse einiger Besucher an kurzfristigen sexuellen Kontakten mit Singhalesen verursachte immer häufiger Konflikte. Das war besonders dann der Fall, wenn die Einheimischen mehr als nur einen körperlichen Austausch erhofften. Andererseits gab es auch junge Singhalesen, die gezielt Kontakte mit westlichen Frauen suchten und diese auf Sexualität reduzierten. Dabei bedrängten sie auch Touristinnen, die an körperlicher Nähe zu ihnen nicht interessiert waren.

Ich selbst wurde Zeuge eines solchen fatalen Konflikts mit ungeahnten Folgen, während ich einen meiner letzten Reisetage am Strand verbrachte. Ich lag im Schatten einer Palme, als meine Ruhe plötzlich durch das Geschrei einer hitzigen Auseinandersetzung gestört wurde. Aufgeschreckt blickte ich in Richtung der Lärmquelle und erkannte unter den Streitenden einen Italiener, der mir als Betreiber einer seit Jahren am Strand etablierten Cafébar bekannt war. Schreiend forderte er einen Singhalesen auf, umgehend seine Terrasse zu verlassen. Um seinem Ansinnen Nachdruck zu verleihen, schwenkte er einen trockenen Palmenzweig bedrohlich in der Luft. Doch der Singhalese ließ sich nicht beeindrucken und hielt energisch entgegen: »Das ist mein Land, unsere Insel. Wenn einer gehen muss, dann du!«

Die verbale Auseinandersetzung eskalierte zusehends, bis der Italiener in übermäßiger Rage die Kontrolle verlor und mit dem Palmenzweig zuschlug. Von Weitem beobachtete ich, wie der Italiener den Palmenzweig sofort fallen ließ, als er realisierte, dass er in seiner Unbeherrschtheit den Singhalesen verletzt hatte. Er versuchte, beruhigend auf ihn einzuwirken. Doch dieser fuhr ihn lautstark und offensichtlich unter Schmerzen an, drohte ihm mit Händen und Armen und lief davon.

In der Zwischenzeit hatte sich eine Gruppe Schaulustiger um das Geschehen versammelt. Und als einige von ihnen an mir vorübergingen, fragte ich, was genau passiert sei. Sie erzählten, der Singhalese habe sich, während der Italiener im Meer badete, neben dessen Freundin gesetzt und sie beharrlich bedrängt und berührt. Obwohl die Frau den Singhalesen mehrfach gebeten hatte, sein aufdringliches Verhalten zu unterlassen, hatte er weitergemacht. Als ihr Freund zur Bar zurückgekommen war und von dem Vorfall erfuhr, war die heftige Auseinandersetzung entbrannt. Der Italiener habe den Singhalesen so unglücklich getroffen, dass eines seiner Augen von den scharfen Zacken des Zweiges regelrecht aufgeschlitzt worden sei. Die Verletzung wäre so schwer, dass man das Auge mit Sicherheit nicht mehr retten könne.

Als ich gegen Abend in jene Cafébar ging, bemerkte ich, dass sich immer mehr Singhalesen um das Areal herum aufreihten. Schon nach kurzer Zeit wurden es so viele, dass das Grundstück gänzlich umstellt war. Mir kam das sehr seltsam vor, denn gewöhnlich waren nur Surfer und Hippies hier. Ich erkannte noch nicht, dass sich etwas Bedrohliches zusammenbraute. Erst als ich die besorgten Gesichter des Personals sah, die in kleinen Gruppen zusammenstanden und sich aufgeregt austauschten, begriff ich, dass etwas Ernstzunehmendes vor sich ging. In diesem Moment nahm mich ein Bekannter zur Seite und erzählte, dass der Singhalese durch den Schlag mit dem Palmenwedel tatsächlich so verletzt worden war, dass er sein Auge verloren habe. Sein Vater habe Rache geschworen. Er meinte, wir sollten besser so schnell wie möglich gehen, denn die Stimmung auf der Straße vor dem Café sei bereits sehr aufgeheizt.

Doch ich erkannte die Brisanz der Lage immer noch nicht. Der Italiener stand nicht weit von mir bei seinen Freunden. An seinen unruhigen, fast zittrigen Bewegungen konnte ich ablesen, wie beängstigt er war. Er wirkte panisch. Wie könnte er hier herauskommen und sich in Sicherheit bringen? Nach einiger Zeit kam ein Taxi, das rückwärts am Eingang der Bar einparkte.

Der Italiener stieg hinten ein und verschloss die Tür von innen. Der Taxifahrer fuhr langsam vorwärts, um durch die Menschenmenge, die sich vor ihm formiert hatte, zur Landstraße zu gelangen. Jetzt kam es zu einem wilden Geschrei um das Taxi. Der Fahrer fuhr beharrlich weiter und bewegte den Wagen in Schrittgeschwindigkeit vorwärts, bis plötzlich ein lauter Knall die zum Zerreißen gespannte Atmosphäre erschütterte. Ein eisiger Schrecken ging mir durch Mark und Bein.

Einer der Singhalesen hatte mit voller Wucht einen Backstein durch die Windschutzscheibe des Fahrzeugs geworfen. Während der Taxifahrer die Verriegelung öffnete und davonrannte, rissen die aufgewühlten Singhalesen die hintere Tür auf und zerrten den Italiener aus dem Wagen. Sie drückten seinen Kopf nach unten und entführten ihn über die Straße hinweg in den dichten nahe gelegenen Dschungel. Einige seiner Freunde rannten hinterher und versuchten, ihn zu befreien. Doch sie hatten keine Chance gegenüber den vielen Einheimischen und mussten hilflos zusehen, wie ihr Freund weggeschleppt wurde.

Ich beobachtete das Geschehen noch wie versteinert und fand mich mit einem Mal nun selbst inmitten der Auseinandersetzung. Neben mir bedrohten Singhalesen jetzt auch die Freunde des Italieners mit gezückten Messern und Stöcken in für mich ungeahnter Aggressivität. Ich versuchte noch beschwichtigend auf sie einzureden. Dann aber wurde mir entsetzlich klar, dass sie jegliche Kontrolle über sich verloren hatten und auch ich mich in einer lebensgefährlichen Situation befand.

Das gesamte Umfeld wurde von einer unglaublich explosiven Mischung aus Wut und Kontrollverlust durchdrungen. Die Lage verschärfte sich von Minute zu Minute derartig, dass es nur noch eines Funkens bedurfte, um ein Blutbad auszulösen. Diese beängstigende, sehr verunsichernde Stimmung breitete sich in Windeseile im gesamten Dorf aus. Überall dort, wo Touristen auf die aufgewühlten Einheimischen trafen, wurden sie beschimpft, geschubst und beleidigt.

Bis zu diesem Tag hätte ich es nicht für möglich gehalten, dass die gewohnte Sicherheit so plötzlich verloren gehen kann, dass sämtliche Gesetze und Normen in wenigen Minuten keinerlei Bestand mehr haben konnten. In dem Moment, als ich das begriff, packte mich die Angst. Ich rannte so schnell ich konnte zu meinem Zimmer. Kurz bevor ich den Vorgarten erreichte, warf ich einen letzten flüchtigen Blick hinüber zu einer aufgewühlten, aggressiven Gruppe junger Männer. Ich war erschüttert, als ich unter ihnen auch Maduranga erkannte. Das machte mich unendlich traurig.

Dass Menschen, die mir bis vor wenigen Tagen noch so friedvoll und zufrieden erschienen – sogar Maduranga –, plötzlich so gewaltbereit sein könnten, hätte ich mir nie vorstellen können. Nach einer unruhigen Nacht, in der ich kaum geschlafen hatte, ging ich zur Cafébar. In einer Gruppe zusammenstehender Menschen erkannte ich die völlig aufgelöste Freundin des Italieners. Auf meine Frage, ob er zurückgekehrt sei, antwortete mir eine junge Frau. Nein, sie hätten die ganze Nacht nach ihm gesucht, aber nicht eine Spur von ihm gefunden. Die Singhalesen gäben keine Auskunft und wendeten sich ab. Sie verhielten sich so, als wüssten sie nichts von den gestrigen Geschehnissen.

Am Abend erfuhr ich, dass die Freundin in ihrer Verzweiflung die örtliche Polizei um Hilfe gebeten hatte, doch auch hier wandten sich die Polizisten schulterzuckend ab und taten so, als wüssten sie ebenfalls nichts von einem derartigen Vorfall. Vermutlich, so soll man ihr geantwortet haben, sei er einfach zurück nach Italien gereist.

Von jenem Abend an kehrte die einst friedliche Stimmung nicht mehr zurück, was mich sehr verunsicherte. Ich wollte so schnell wie möglich zurückreisen. Mit der Hilfe von Freunden in Deutschland gelang es mir, eines der letzten Flugtickets zu ergattern. Bereits zwei Tage nach dem dramatischen Geschehen flog ich zurück nach Deutschland.

Maduranga hatte ich noch überall gesucht, um mich von ihm zu verabschieden. Doch das »Living Kitchen« war geschlossen und auch in der Nachbarschaft war keiner aus seiner Familie anzutreffen. Am Tag meiner Abreise schenkte ich meiner Vermieterin eines meiner T-Shirts mit der Aufschrift 7up, das ihrem Sohn so gut gefiel. Als ich es ihr reichte, fragte ich, ob sie noch etwas über den Vorfall gehört habe. Mit gesenktem Blick deutete sie an, sie hätte gehört, der Italiener sei an jenem Abend in einen Unfall verwickelt worden und ums Leben gekommen. Als sie darüber sprach, wich ihr Blick mir aus. Ich spürte in diesem Moment ihre Unsicherheit und ihr Unbehagen. Es schien mir, als wollte sie die wahre Geschichte vor mir verborgen halten.

Das Erlebnis jener Nacht, in der ich von dieser blinden Hysterie umgeben war, beschäftigte mich noch wochenlang. Bis dahin hatte ich angenommen, dass Strukturen und Sicherheit in einer Gesellschaft verlässlich sind. Und sollten sie ins Wanken geraten, könnten sie schnell wiederhergestellt werden, sobald man an die Vernunft appelliere und sich die Gesetze bewusst mache. Doch dieses Ereignis zeigte mir die wirkliche Zerbrechlichkeit nicht nur unserer gesellschaftlichen Ordnung, sondern auch unserer persönlichen und spirituellen Reife. Hass und Aggression können unsere Wahrnehmung so sehr verzerren, dass sie sogar tief verankerte spirituelle Überzeugungen überlagern – wie hier geschehen bei gläubigen Buddhisten, die den Prinzipien von Friedfertigkeit und Nächstenliebe folgen. In solchen Momenten wird uns bewusst, wie blind uns Hass machen kann und wie fragil sowohl unsere innere als auch unsere äußere Welt ist.

Diese menschliche Schwäche müssen wir uns bewusst machen. Auch wir können Vorurteilen und Stigmatisierung erliegen. Vor solcherlei Verblendung sollten wir uns schützen. Doch die bloße Erkenntnis allein reicht nicht aus. Wir müssen aktiv handeln und gegen solche Tendenzen in uns ankämpfen. Indem wir uns im universellen Prinzip der kritischen Reflexion üben und es tief in unser Wesen integrieren, können wir die Kontrolle über unsere Selbstwahrnehmung und Handlungen selbst in solch überwältigenden Momenten bewahren. Wir haben in der Praxis der Selbstbeobachtung und -hinterfragung einen Anker in uns gesetzt, der uns immer dann ermahnt, wenn uns impulsives oder vorurteilsbehaftetes Denken zu übermannen versucht. Denn sobald eine solche trügerische Strömung in uns aufsteigt, wird unser Polarstern den Gedanken in uns anstoßen: »Nein, das bin nicht ich. So möchte ich nicht denken! Ich bin ein Mensch, der Hass und Vorurteilen keinen Raum gibt, denn ich weiß, dass ich die Welt in meinem Innern ebenso wie die äußere Wirklichkeit nur durch Toleranz und Empathie bereichern kann.«

Als ich fünfundzwanzig Jahre später erneut nach Sri Lanka reiste, fand ich eine völlig veränderte Insel vor. In der Hauptstadt Colombo waren Hochhäuser entstanden, und in Hikkaduwa findet man nun anstelle der kleinen, hübschen Unterkünfte riesige Hotelburgen. Das »Living Kitchen« war verschwunden, und auf den Straßen und Stränden flog Plastikmüll umher. Die ehemals schönen, kleinen, hellen Häuser wirkten jetzt vernachlässigt und grau. Das authentische Leben auf Sri Lanka war einer grellen und doch so blassen Modernität gewichen. Vieles davon war wohl eine Folge des langen Bürgerkriegs.

Maduranga konnte ich trotz aller Bemühungen leider bis heute nicht wiederfinden, doch seine leuchtenden, wachen Augen und sein verschmitztes Lächeln sind in meiner Erinnerung stets lebendig geblieben.

KAPITEL 9

Ausgesetzt in einer Welt der Katastrophen: Warum es wichtig ist, sich auf das zu konzentrieren, was man beeinflussen kann

Die größte und zugleich bedeutsamste Aufgabe, die das Leben mit sich bringt, ist die kontinuierliche Entfaltung der bedingungslosen Liebe in uns. Damit sie in uns wachsen und sich ausbreiten kann, müssen wir erkennen, dass die Natur uns nicht feindselig gesinnt ist und wir uns dem Leben unvoreingenommen hingeben können. Wenn es uns gelingt, die Welt mit den Augen des »ersten Mals« zu sehen, finden wir die Liebe in uns und werden zu empathischen Menschen.

Doch wie können wir offenen Herzens in einer Welt täglicher Katastrophen leben? Wenn wir glauben, dass die Welt ein andauernder Notfall ist, werden wir uns als mitfühlende Menschen fragen, ob es angemessen ist, glücklich und zufrieden zu sein, während andere gleichzeitig tiefes Leid erfahren. Um zu Klarheit zu gelangen und gelassen zu bleiben, kann uns das Prinzip der fokussierten Aufmerksamkeit helfen. Es betont die Wichtigkeit, sich auf die Aspekte des Lebens zu konzentrieren, die wir direkt beeinflussen können. Dabei minimieren wir die Gefahr, durch externe Informationen überflutet zu werden.

Unsere Zukunft entfaltet sich aus dem Zusammentreffen unzähliger vorangegangener Ereignisse. Sie ist niemals vollständig vorhersehbar, da sie einerseits einem sehr komplexen Verlauf folgt und andererseits auch den Zufall einbezieht. Auf den ersten Blick mag es ernüchternd erscheinen, wenn wir feststellen, dass wir das, was uns das Leben bringt, niemals wirklich kontrollieren können. Doch der Nutzen dieser Unvorhersehbarkeit ist von unschätzbarem Wert. Ohne sie gäbe es keine Freiheit, da alles einem vorherbestimmten, berechenbaren Muster folgen würde.

Um einerseits die globalen Herausforderungen ernst zu nehmen und andererseits nicht in ständige Besorgnis zu verfallen, damit wir dem Leben mit einer offenen Haltung begegnen können, müssen wir immer wieder zu innerer Balance zurückfinden. Das Leben entfaltet sich im Wechsel verschiedener Polaritäten. Metaphorisch können wir uns dies als einen Fluss vorstellen, auf dem wir im Laufe unseres Lebens hinabsurfen. An den Ufern dieses Flusses sind Qualitäten und ihre jeweiligen Gegenpole verortet, wie etwa Glück auf der einen Seite und Unglück auf der anderen, Hitze hier und Kälte dort, Licht und Dunkelheit. Es ist das dynamische Zusammenspiel dieser gegensätzlichen Kräfte, das die Strömung des Flusses erzeugt und uns Bewegung ermöglicht. Würde hingegen nur einer dieser Pole existieren, entstünde eine Flaute und das Leben würde erlöschen. Es sind die Polaritäten, die den Fluss mit Energie versorgen und uns Wahrnehmung ermöglichen. Leben ist Bewegung – Stillstand hingegen ist Tod.

Es ist daher unausweichlich zu akzeptieren, dass auch Leiden einen festen Platz in unserem Erleben behalten wird. Denn wie skizziert, entfaltet sich unser Leben im Spannungsfeld der Extreme. Würden wir eine Welt voraussetzen, in der Glück ohne Unglück existiert, müssten wir tatsächlich nach einem fernen, unbekannten Planeten suchen, auf dem völlig andere Gesetzmäßigkeiten herrschen.

In der Welt, in der wir leben, manifestieren sich Gegensätze als natürliche Voraussetzungen für das Gleichgewicht. Das bedeutet, dass Positives und Negatives nicht voneinander isoliert sind, sondern sich wie zwei Seiten einer Medaille ergänzen. Dieses universelle Prinzip offenbart, dass Freude untrennbar mit Leid, Wohlgefühl mit Schmerz, Glück mit Unglück, Gerechtigkeit mit Ungerechtigkeit, Gesundheit mit Krankheit, Gewinn mit Verlust, Frieden mit Krieg, Liebe mit Hass, Reichtum mit Armut, Hoffnung mit Verzweiflung, Licht mit Dunkelheit, Wissen mit Ignoranz, Stärke mit Schwäche und schließlich Leben mit dem Tod verknüpft ist. Jedes dieser Paare und unzählige weitere bilden die Ganzheit unseres Lebens ab.

Es ist daher von großer Bedeutung, dass wir uns nicht von der Präsenz des Negativen entmutigen lassen, indem wir uns ständig von einem tragischen Ereignis zum nächsten ziehen lassen. Denn als frustrierte, desillusionierte Individuen sind wir wohl kaum in der Lage, aus uns selbst heraus positive Veränderungen in der Welt herbeizuführen.

Um uns und die anderen in ein günstigeres Fahrwasser auf unserem imaginären Fluss zu lenken, sollten wir die Dualität alles Seienden als grundlegendes Merkmal unseres Daseins begreifen. Selbst wenn wir den universellen Gesetzmäßigkeiten nicht ausweichen können, liegt es doch in unserer Macht, das Positive in unserem beeinflussbaren Umfeld zu mehren. Sobald wir uns selbst und die Welt um uns unvoreingenommen annehmen, reifen wir zu authentischen, empathischen Menschen heran. Dann werden wir dazu befähigt sein, selbst Hass in Liebe und Unglück in Glück zu verwandeln. Wir folgen dem Licht unseres inneren Polarsterns, das uns den Weg weist zu natürlicher Balance, zu Hoffnung und Zuversicht.

Verlieren wir uns hingegen in unentwegter Besorgnis, indem wir uns von weltweiten Dramen überwältigen lassen, die fortwährend über die Medien zu uns getragen werden, verfallen wir in eine gewisse Schockstarre. Allein die schier unfassbar große Zahl an Interaktionen zwischen mehr als acht Milliarden Menschen macht deutlich, dass selbst extreme Gegensätze unentwegt gleichzeitig geschehen.

Wenn wir die Vorgänge, die permanent auf dem gesamten Erdball stattfinden, in unser Denken und Fühlen einbeziehen, erscheint es geradezu aussichtslos, zu einer realistischen Einschätzung unserer Lebenslage zu gelangen. Über acht Milliarden Menschen, die kontinuierlich gegensätzliche Ziele verfolgen und unterschiedlichste Überzeugungen vertreten, führen zu einer unfassbar großen Zahl an Ereignissen. Aus einem solchen Pool lässt sich nahezu jede Information herausfiltern.

Die von den Medien aus diesem Meer an Meldungen gefilterten Nachrichten werden uns über alle Kanäle hinweg in Echtzeit präsentiert.

Um sich die Größenordnung dieses Informationspools vor Augen zu führen, kann man sich folgendes Szenario vorstellen: Würden sich alle acht Milliarden Menschen hintereinander in einem Abstand von einem Meter aufstellen, ergäbe das eine Kette von acht Milliarden Metern Länge. Das entspricht acht Millionen Kilometern – etwa zwanzigmal der Entfernung zwischen Erde und Mond.

Statt uns in der permanenten Nachrichtenflut zu verirren, können wir zu einer fundierten Einschätzung unserer momentanen Situation nur gelangen, indem wir den Fokus auf unser beeinflussbares Umfeld beschränken. Dabei offenbart sich, dass es sich in den meisten Fällen nicht um eine uns betreffende Gefahr handelt, sondern um ein rein hypothetisches Risiko. Denn unsere Einschätzung der momentanen Gefährdung wird durch die ständige Konfrontation mit negativen Nachrichten verzerrt. Rückblickend blieben in meinem Leben die allermeisten gedanklich durchlebten Gefahren letztlich irrelevant. Meine Ängste waren oft unbegründet. Mit einer ausgewogeneren Sichtweise hätte ich mir viele beunruhigende Momente ersparen können.

Erschwerend kommt hinzu, dass wir einer Meldung höhere Bedeutung beimessen, wenn diese wiederholt wird. Um hoffnungsvoll und zuversichtlich zu bleiben, sollten wir deshalb die Initiative ergreifen und selbst entscheiden, aus welchen Quellen wir Informationen beziehen möchten, welchen Themen wir unsere Aufmerksamkeit schenken, mit wem wir interagieren und wie viel Zeit wir diesen Interaktionen widmen. Denn alles, was wir einmal in unser Gehirn hineinlassen, beeinflusst unser Grundgefühl und lässt sich nicht ohne Weiteres löschen.

Wir müssen uns verdeutlichen, dass sowohl die Informationen, die wir bewusst aufnehmen, als auch jene, die unbemerkt in unser Bewusstsein eindringen, eine gewisse Macht über unser Denken erlangen und auch unsere Charaktereigenschaften manipulieren können. Es ist deshalb effektiv und sehr sinnvoll, zunächst gut zu unterscheiden, was uns davon persönlich betrifft und was außerhalb unseres direkten Einflussbereichs liegt. Denn was uns zugetragen wird, ist fehlgesteuert, weil für die Medien positive Clickbait-Überschriften kaum attraktiv sind, da sie nicht die gleiche Aufmerksamkeit erhalten wie negative Meldungen. Dieses Phänomen könnte auf eine uralte Überlebensstrategie zurückzuführen sein. Schließlich war die Mitteilung, dass ein Raubtier gesichtet wurde, für frühe Generationen am Lagerfeuer viel wichtiger als der Bericht über den wundervollen Gesang eines Vogels. Dieses Reaktionsmuster scheint noch immer in unseren Genen zu wirken und könnte erklären, warum uns fast ausschließlich negative Nachrichten erreichen.

Zur Wiederholung: Es geht keineswegs darum, das globale Leid, die Tragödien und die Schmerzen der Welt zu ignorieren oder kleinzureden, sondern vielmehr im Gewirr der Meldungen die Chancen und positiven Entwicklungen nicht aus den Augen zu verlieren. Nur so können wir dem lähmenden Einfluss konstanter Katastrophenmeldungen entkommen, um die Hoffnung aufrechtzuerhalten. Nur durch Zuversicht kommen wir immer wieder zurück in unsere Kraft und können dazu beizutragen, dass sich die Zukunft zum Besseren wendet. Wir sollten uns daran erinnern, dass die Menschheit auch inmitten von Krisen Wege gefunden hat, Probleme zu lösen und sich weiterzuentwickeln. Die Angst vor der Apokalypse hat die Menschheit seit jeher in nahezu jeder Generation begleitet, und doch traf der befürchtete Untergang bislang nicht ein.

Es ist von großem Vorteil, sich darauf zu konzentrieren, Informationen und Nachrichten direkt aus dem Umfeld zu beziehen, das Einfluss auf uns ausübt und auf das wir Einfluss nehmen können. Wenn wir ein Ereignis selbst beobachten, erhalten wir ein ungefärbtes Bild des Geschehens und können Aspekte berücksichtigen, die womöglich in den Informationen Dritter ausgeblendet wurden. Dadurch beugen wir Überforderung und Täuschung vor und gelangen zu einer treffenderen Bewertung von Chancen, Risiken und Gefahren. Insbesondere bei der Beurteilung von Menschen erscheint ein direkter Kontakt nahezu essenziell, besonders wenn es um Charaktereigenschaften geht. Nach meiner Erfahrung erwiesen sich Auskünfte, die mir von Dritten über bestimmte Personen zugetragen wurden, oft als unzutreffend oder zumindest fehlerhaft.

Das Wesentliche dabei bleibt, dass wir uns und das Leben unvoreingenommen annehmen, um zu selbstliebenden, empathischen Menschen heranzureifen. Denn nachhaltige gesellschaftliche Entwicklungen, die zu verbesserten Lebensbedingungen führen, erfordern vor allem eine Reifung der Persönlichkeit jedes Einzelnen. Gewalt, Kriege und andere Formen des Aufzwingens bringen keine dauerhaften Verbesserungen. Echter Fortschritt kommt immer von innen und beruht auf der eigenen Kraft einer Gesellschaft. Dies geschieht, wenn eine kritische Masse an Individuen einen bestimmten Reifepunkt erreicht und dadurch eine entscheidende, positive Veränderungsschwelle überschritten wird.

Dazu passt sehr gut die folgende Fabel: Ein Adler trägt eine Krähe auf seinem Rücken, die versucht, auf ihn einzuhacken. Dabei kämpft der Adler nie gegen die Krähe zurück. Er steigt einfach in größere Höhen, wo der Sauerstoffgehalt niedrig ist. Schließlich fällt die Krähe von seinem Rücken herab.

Doch kommen wir zurück zu unserem imaginären Fluss, auf dem wir entlangsurfen. Um in ein günstiges Fahrwasser zu gelangen, ist es für uns entscheidend, jene Menschen zu erkennen und in unser Leben zu integrieren, die es bereichern und unsere Möglichkeiten zur Selbstverwirklichung fördern. Um sie zu finden, benötigen wir einen ungetrübten Blick. In gewisser Weise trägt jeder von uns eine imaginäre Brille mit verstellbaren optischen Linsen. Diese Linsen fokussieren unsere Aufmerksamkeit auf das, was durch ihre spezielle Einstellung sichtbar wird, während anderes uns verborgen bleibt. Wenn wir beispielsweise eine belebte Straße entlanggehen, werden wir uns nur an die Gesichter oder Details erinnern, die unsere »Linsen« für uns sichtbar werden ließen.

Dabei müssen wir nicht auf ein günstiges Schicksal hoffen, denn wir selbst sind die Optiker unserer symbolischen Brille, welche die Schärfeneinstellung durch unsere täglichen Handlungen bestimmt. Jedes Mal, wenn wir bestimmte Aktivitäten ausüben, festigen wir damit gewisse Denkmuster und Wahrnehmungen, die

im Gegenzug die Linsen, mit denen wir die Welt wahrnehmen, justieren. Wenn wir den Werten treu bleiben, gewinnen wir Klarheit – unsere Sicht klärt sich. Um dieses hohe Maß an Bewusstheit zu erreichen, ist intensive Selbstreflexion erforderlich. Denn nur so werden wir dazu befähigt zu erkennen, was einem erfüllten, gelungenen Leben zuträglich ist.

Es kommt auf unsere aufrichtigen Handlungen an, denn sie beeinflussen unsere Wahrnehmung und sind ausschlaggebend dafür, was wir letztlich sehen und was uns verborgen bleibt.

Die Einsicht, dass wir dem Leiden nicht entfliehen können und dass Gerechtigkeit und Fairness nicht naturgegeben sind, führt uns zu der Erkenntnis, dass Gegensätze für unseren Weg der Selbsterkenntnis und Selbstverwirklichung essenziell sind. Wenn wir uns zudem das Prinzip der fokussierten Aufmerksamkeit zunutze machen, um uns von der Informationsflut nicht überwältigen zu lassen, halten wir Hoffnung und Zuversicht aufrecht.

Um die Welt zu verbessern, müssen wir ihr mit einer positiven Einstellung begegnen und uns selbst sowie die Menschen um uns herum kontinuierlich ermutigen, anstatt uns von Ängsten und Sorgen einschüchtern zu lassen. Denn obwohl wir niemals vollständige Kontrolle über unsere Zukunft erlangen können, sind wir als Menschen keineswegs machtlos; vielmehr besitzen wir die Fähigkeit, unser Schicksal im Spannungsfeld zwischen verschiedenen Polaritäten zu begünstigen.

»Perfektion wird nicht dann erreicht, wenn es nichts mehr hinzuzufügen gibt, sondern wenn es nichts mehr wegzunehmen gibt.«

Antoine de Saint-Exupéry

KAPITEL 10

Am seidenen Faden:
Vertrauen, Überleben und das Schicksal in den
Händen von Ärzten

Manchmal hängt unser Überleben am sprichwörtlichen seidenen Faden, und wir können nichts weiter tun, als darauf zu vertrauen, dass wir in die Hände der richtigen Menschen geraten und die Ereignisse sich zum Besten wenden. Doch auch wenn ein Geschehen bereits in vollem Gang ist und wir uns hilflos ausgeliefert fühlen, können wir durch Beachtung des Prinzips der »Achtsamkeit für das Kleine« den Verlauf in eine für uns günstige Richtung lenken. Die Entdeckung dieses Phänomens ließ mich erkennen, dass auch scheinbar unbedeutende Details oft unerwartet große Auswirkungen haben und sogar über Leben oder Sterben entscheiden können.

Seit vielen Jahren beginne ich meinen Tag mit einem etwa zweistündigen Spaziergang. Die Zeit, die ich meist in den frühen Morgenstunden im Wald verbringe, schenkt mir eine innere Ausgeglichenheit, die mich den ganzen Tag begleitet und die mir hilft, fit und gesund zu bleiben. Tatsächlich musste ich seit über vierzig Jahren weder Antibiotika noch andere Medikamente einnehmen. Die Jahre zogen heiter an mir vorbei, die runden Geburtstage kamen und gingen, und ehe ich mich versah, stand ich kurz vor meinem sechzigsten. Doch dieses Mal beschlich mich ein mulmiges Gefühl. Die Tatsache, sechzig zu werden, verunsicherte mich. Mir schien, als begänne ich einen Lebensabschnitt, dem nur noch das »wirkliche« Altsein folgen würde. Diese Befürchtung, verstärkt durch die wachsende Anzahl von Nachrichten über Freunde und Bekannte, die unerwartet von schweren Krankheiten heimgesucht wurden, ließ meine Unsicherheit und Unruhe kontinuierlich steigen.

Doch gerade jetzt, am Ende meiner Fünfzigerjahre, erfüllte sich ein lang gehegter Traum. Wir fanden ein wunderschönes kleines Haus im Nordwesten Mallorcas, am Rande des Tramuntana-Gebirges. Meine Freude darüber wuchs. Doch zugleich empfand ich große Angst, dass mir etwas zustoßen könnte und ich dieses tief ersehnte Glück nicht mehr erleben dürfte.

Die Zeit des Renovierens und Umbauens zog sich hin und wir konnten es kaum erwarten, bis endlich alles fertig war. Schließlich war es so weit und wir verbrachten das gesamte Frühjahr und den Sommer im malerischen Deià. Obwohl alles einfach wunderbar war und ich jeden Tag die neuen Eindrücke dieser unfassbar schönen Natur genoss, beschlich mich immer wieder die Verunsicherung angesichts des bevorstehenden sechzigsten Geburtstags und der damit verbundenen Stigmatisierung, nun endgültig als alt zu gelten.

Um mir selbst zu beweisen, dass ich auch mit sechzig Jahren noch sportliche Herausforderungen bewältigen kann, intensivierte ich meine täglichen Wanderungen kontinuierlich. Die Routen wurden länger, steiler und somit immer anstrengender. Selbst an besonders heißen und feuchten Tagen ließ ich mich nicht bremsen. Ein irrationaler Ehrgeiz und die Angst vor dem Älterwerden hatten mich fest im Griff und trieben mich stetig voran. Die Überzeugung, dass ich meiner Gesundheit durch höhere sportliche Herausforderungen etwas Gutes tun würde, war in mir fest verankert. Ich sah darin eine Form der Selbstfürsorge, einen Weg, meinen Körper und Geist aktiv und gesund zu halten. Bis zu einem gewissen Grad der körperlichen Belastung ist das sicherlich zutreffend. Doch die schmerzhafte Erkenntnis, dass ich es übertrieben hatte, musste ich mir spätestens nach den Ereignissen des zwölften und dreizehnten Juli 2017 eingestehen.

Dieser zwölfte Juli 2017 begann wie viele andere Tage dieses Sommers. Schon früh am Morgen nahm die Hitze nach einer tropischen Nacht kontinuierlich zu. Die gleißende Sonne ließ die Blätter der Olivenbäume vor unserem Haus in silbernem Glanz erstrahlen. Ich freute mich auf den bevorstehenden Tag, insbesondere auf die geplante Wanderung mit meinem Sohn, der uns besuchte. Doch dieser Morgen sollte einen anderen Verlauf nehmen als gedacht. Denn als ich nach dem Aufstehen ein Glas Wasser trank, fühlte ich plötzlich einen krampfartigen Schmerz in meiner Brust.

Zunächst dachte ich, ich hätte mich einfach verschluckt, doch der Schmerz breitete sich rasch weiter aus und schien meinen gesamten Oberkörper zu durchdringen. Es fühlte sich an, als würden kleine Eisenkugeln von innen gegen meine Brust schlagen. Mit jeder Sekunde, die diese sehr unangenehmen Schläge in meiner Brust anhielten, stieg meine Verunsicherung. Verängstigt versuchte ich durch Bewegung oder Ruhe das Unbehagen zu stoppen, doch nichts davon bewirkte eine Veränderung oder Linderung. Als ich mich im Spiegel betrachtete, blickte mir ein fahles, blasses Gesicht entgegen. Allmählich realisierte ich, dass in meinem Körper etwas sehr Beunruhigendes vor sich ging. Zwar wurde der Schmerz nach etwa einer Stunde etwas diffuser, aber nun spürte ich, wie mein Herz klopfte und sehr unregelmäßig schlug.

Obwohl ich in meinem Leben noch keinen einzigen Krankenhausaufenthalt hatte und Arztbesuchen wenn irgend möglich auswich, wurde mir in diesem Moment schlagartig klar, dass ich dringend medizinische Hilfe benötigte.

Mir fiel eine kleine Privatklinik am Rande von Palma ein, an der wir hin und wieder vorbeifuhren. Wir wussten, dass dort deutschsprachige Ärzte praktizieren und der Inhaber der Klinik Kardiologe ist. Als wir dort eintrafen, war dieser allerdings nicht zugegen. Stattdessen übernahm ein Allgemeinmediziner der kleinen Klinik meine Untersuchung. Bei der Blutdruckmessung stellte er meinen unregelmäßigen Herzschlag fest, den er zunächst auf harmlose Extrasystolen zurückführte. Für eine gründlichere Diagnose schlug er ein Belastungs-EKG vor, das jedoch keine Auffälligkeiten im Elektrokardiogramm zeigte. Schließlich entschied er sich für eine Blutuntersuchung, eine

Maßnahme, die, wie ich später erfuhr, besser gleich zu Beginn der Untersuchung hätte durchgeführt werden müssen. Der Test ergab einen erhöhten Troponin-T-Wert, ein Protein, das in hohen Konzentrationen im Körper immer nur dann auftritt, wenn Herzzellen absterben. Dieser unerwartete Befund veranlasste den Mediziner, mit seinem Chef Kontakt aufzunehmen. Anschließend bat er meine Frau, mich unverzüglich in eine bestimmte Klinik zu bringen. Dort würde der Chefarzt später zu uns stoßen und sich um die weitere Behandlung kümmern.

Ziemlich verunsichert kamen wir in der Notaufnahme der Klinik an. Sie quoll über vor Touristen, die sich mit allerhand Beschwerden herumschlugen. Ich befürchtete, stundenlang warten zu müssen, bevor ein Notarzt mich endlich untersuchen könnte. Da der Schmerz inzwischen fast verschwunden war, begann ich, an weniger besorgniserregende Ursachen, wie einen Hitzschlag oder eine Überlastung tags zuvor, zu glauben. Daher entschied ich mich, nach Deià zurückzufahren. Doch in dem Moment, als ich das Krankenhaus verlassen wollte und bereits an der Ausgangstür stand, hörte ich jemanden meinen Namen rufen. Ich drehte mich um. Die Krankenschwester, die auf mich zukam, bat mich zu warten. Der Arzt habe soeben angerufen und würde in wenigen Minuten in der Klinik eintreffen.

Sie führte mich zurück zur Notaufnahme und wies mir eine Liege in einem Untersuchungsraum zu. Ein Arzt kam hinzu und studierte die Laborergebnisse und das Elektrokardiogramm, die ich mitgebracht hatte. Er wirkte unsicher, wie er die Daten interpretieren sollte und ob tatsächlich eine ernsthafte Erkrankung des Herzens vorlag. Leider konnte ich ihn nicht fragen, denn er sprach weder Deutsch noch Englisch und ich konnte kein Spanisch. In dieser Situation der Unsicherheit war meine Erleichterung umso größer, als der Kardiologe der kleinen Klinik, die mich hierher überwiesen hatte, nun eintraf. Er sprach Deutsch und fragte mich zuerst, wie es mir ginge und ob ich Schmerzen, Atemnot oder Druck auf der Brust verspüre.

Ich versicherte ihm, dass ich mich nun wieder gut fühle und vermute, es sei nur eine Überanstrengung in der Hitze des Vortags gewesen. Doch er entgegnete: »Nein, da täuschen Sie sich. Ihre Symptome und die Blutwerte deuten eindeutig darauf hin, dass Sie einen Herzinfarkt hatten.«

»Einen Herzinfarkt?«, fragte ich erschrocken. »Aber es geht mir doch schon wieder gut!«

»Das Ereignis mag abgeschlossen sein«, erklärte er, »kann jedoch jederzeit zu einem erneuten Infarkt führen. Deshalb müssen Sie sich dringend einer Herzkatheteruntersuchung unterziehen.«

Daraufhin zog sich der Kardiologe mit dem Notarzt und dem mittlerweile hinzugekommenen Chef der Kardiologie zur Beratung in einen Nebenraum zurück. Nach kurzer Besprechung erläuterte er mir, der Operationssaal sei erst am nächsten Morgen verfügbar. Deshalb müsse ich die Nacht auf der Intensivstation verbringen. Nur so sei eine konstante Überwachung meiner Körperfunktionen bis zum Eingriff am Morgen sichergestellt.

Wie ich später erfuhr, ist es eher ungewöhnlich, eine Herzkatheteruntersuchung nach akutem Infarkt so lange hinauszuzögern, denn ein sofortiger Eingriff minimiert das Risiko eines ungünstigen Verlaufs erheblich. Die Gründe für diese ungewöhnliche Entscheidung sollten mir erst einige Tage später klar werden.

Alles um mich herum fühlte sich plötzlich an wie ein beängstigender Film, von dem ich nur Bruchstücke wahrnahm, die ich nicht zu einem Gesamtbild zusammenfügen konnte. Ich empfand mich als machtlos und unfähig, in das Geschehen einzugreifen. Erst als ich später auf der Intensivstation lag, nackt und an verschiedene Geräte angeschlossen, begann ich allmählich wieder klarer zu denken.

Die Atmosphäre auf der Station war äußerst bedrückend, kalt und auf eine seltsame Weise surreal. Ein aufdringlicher Geruch von Desinfektionsmittel lag in der Luft. Die schweren Atemgeräusche der Patienten verschmolzen mit den fortwährenden Alarmtönen der medizinischen Geräte. Die gewohnte Sicherheit, das Gefühl, eine gewisse Kontrolle über mein Schicksal zu haben, war von einem Moment auf den anderen verloren.

Tief in der Nacht festigte sich in mir die Überzeugung, dass dies alles nur ein schreckliches Missverständnis, ein grauenhafter Albtraum sein könne. Ich beschloss, alles zu unternehmen, um von hier wegzukommen. Doch wie? Ich war nackt, an Geräte angeschlossen und unter medizinischer Aufsicht. Vermutlich hätte man mir sofort eine Beruhigungsspritze gesetzt, wenn ich auch nur versucht hätte, die Station zu verlassen. Immer wieder lief einer der Krankenpfleger, sichtbar gestresst und schlecht gelaunt, den Flur entlang, vorbei an der offen stehenden Tür des Krankenzimmers.

Die Nacht dehnte sich endlos, bis der Morgen anbrach. Punkt zehn Uhr erschien der Kardiologe an meinem Bett, um mich auf den bevorstehenden Eingriff einzustimmen. Er erklärte mir, dass diese Untersuchung Aufschluss darüber gebe, ob es Engstellen im Gefäßsystem gibt, die den Blutfluss behindern. Falls eine Verengung festgestellt würde, müsste diese durch einen Stent erweitert werden, um die Versorgung der umliegenden Zellen wieder sicherzustellen. Anschließend reichte er mir mehrere Einwilligungserklärungen und Aufklärungsbögen zum Unterzeichnen. Sie waren so umfangreich, dass ich den gesamten Vormittag damit hätte verbringen müssen, sie alle im Detail durchzulesen. Deshalb unterschrieb ich sie, ohne auch nur einen näheren Blick auf sie geworfen zu haben.

Kurz darauf befand ich mich im Operationssaal, wo der Arzt, unterstützt von zwei Assistenten, begann, einen Katheter durch einen Schnitt in meiner Leiste bis hin zu meinem Herz zu führen. Linker Hand und an der gegenüberliegenden Wand befanden sich große Bildschirme, auf denen ich die Aufnahmen der Katheter-Kamera sehen konnte. Ich verfolgte, wie der

Katheter seinen Weg zu meinem Herzen fand und schließlich die Herzkranzgefäße erreichte.

Durch eine Glasscheibe sah ich, wie im Nebenraum ein älterer Arzt mit skeptischem Blick den Eingriff auf einem Monitor beobachtete. Es dämmerte mir allmählich, dass es sich hierbei um den Chef der Kardiologischen Abteilung dieses Krankenhauses handelte. Mein Kardiologe warf immer wieder kritische Blicke durch die Scheibe in den Nebenraum, in dem sich neben dem Professor auch eine Vertraute von ihm befand, die offensichtlich die Beobachtungen und Notizen des Professors verfolgen sollte. Als ich das erkannte, wurde mir die prekäre Beziehung zwischen den beiden Ärzten bewusst, die eine Atmosphäre des Misstrauens und der Anspannung erzeugte.

Zu Beginn des Eingriffs hatte ich mich nach der voraussichtlichen Dauer der Operation erkundigt. Einer der Assistenten hatte mir mitgeteilt, der Eingriff benötige maximal dreißig Minuten. Jedoch zog sich die Prozedur unerwartet in die Länge und nach etwa einer Stunde hatten beide Assistenten den Operationssaal verlassen. Ich wurde zunehmend unruhig und beobachtete auf den Bildschirmen die Bemühungen meines Kardiologen, der immer wieder Kontrastmittel injizierte. Trotz des für mich scheinbar gleichmäßigen Flusses des Kontrastmittels und einer zunächst beruhigenden Diagnose glaubte er, eine Engstelle identifiziert zu haben, an der er einen Stent platzieren wollte. Doch aus für mich in diesem Moment unklaren Gründen zog sich dieser Versuch endlos hin und schien ihm trotz zahlreicher Versuche nicht zu gelingen.

Erst nach über zwei Stunden erfolgloser Anläufe sah er schließlich ein, dass er auf diese Weise nicht weiterkam. Er begab sich in den Nebenraum, wo der Professor wie versteinert die missratenen Versuche auf dem Monitor verfolgte. Es wirkte auf mich beinahe so, als würde der Professor geradezu erwarten, dass ihn der operierende Arzt bei der Suche nach einer Lösung um Rat fragt. Als mein Kardiologe aufgewühlt in den Operationssaal zurückkehrte, rief er recht ungehalten seiner Vertrauten zu: »Angelika, wir müssen komplett von vorn anfangen.«

In diesem Moment wurde mir deutlich, dass er es als eine Art Niederlage wertete, den Professor um Hilfe bitten zu müssen. Seine Worte hallten in meinen Ohren wider und ein eiskalter Schauer durchrieselte mich, als mir klar wurde, dass er zum Setzen des Stents fast zwei Stunden lang den falschen Katheter verwendet hatte. Wie konnte ein solcher Fehler passieren? In diesem Moment begann mein Vertrauen in die Mediziner um mich herum zu schwinden. Schließlich stellten jede zusätzliche Minute und jede unnötige mechanische Einwirkung in meinem Körper ein erhebliches Risiko dar.

Diese Unsicherheit löste tiefe Angst in mir aus und ließ erhebliche Zweifel an der Professionalität des Teams aufkommen. Wie kam es nur dazu, dass er über einen solch langen Zeitraum den falschen Katheter benutzte und keiner den Fehler bemerkte? Der Blick des Professors auf den Monitor legte den Verdacht nahe, dass er von diesem Fehler wusste, jedoch aus Gründen, die mir zu diesem Zeitpunkt unklar waren, nicht einschritt. Insbesondere auch sein Nichteingreifen hinterließ bei mir ein Gefühl tiefer Verwirrung und Unsicherheit.

Während diese Gedanken mich quälten, beobachtete ich auf dem Monitor, wie Kontrastmittel seitlich aus einer meiner Arterien nahe dem Herzen austrat. Offenbar hatte der Arzt bei seinen stetigen Versuchen, den Stent zu platzieren, eine Arterie beschädigt. Als ich zu ihm aufschaute, erkannte ich in seinem starren, auf den Bildschirm fixierten Blick eine zunehmende Verunsicherung. Im selben Moment wurde mir bewusst, wie nahe ich bereits an einer Grenze angelangt war und dass ich während dieser Operation mein Leben verlieren könnte. Voller Verzweiflung drehte ich meinen Kopf zum Nebenzimmer und versuchte, durch Bewegungen mit den Fingern meiner linken Hand, den Professor um Hilfe anzuflehen. Mehr als diese zaghafte Geste war mir nicht möglich, da die Infusionsnadeln in meinen Ellenbeugen und die zahlreichen Kabel mich in gewisser Weise an diesen Operationstisch fixierten.

Nach und nach überkam mich eine bleierne Müdigkeit, während sich alles um mich herum zu verzerren begann. Ein Gefühl von Hoffnungslosigkeit und Kapitulation breitete sich in mir aus. Als ich dem Schicksal seinen Lauf lassen wollte und mich dazu bereit fühlte loszulassen, drehte der Professor plötzlich seinen Kopf zu mir. Unsere Blicke trafen sich für eine Sekunde. Sofort erkannte ich sein Erschrecken, als hätte er erst in diesem Moment den Ernst meiner Lage begriffen. Sein Gesichtsausdruck verriet mir, dass ihm nun klar war, wie kritisch die Situation bereits war und dass es um mein Überleben ging.

Er schaute mich mit konzentriertem Blick an, während er den Operationssaal betrat und dem behandelnden Arzt präzise Anweisungen erteilte. Dadurch konnte der Stent endlich platziert werden. Zu meiner Verwunderung zeigten die Monitore jedoch keine Veränderung des Blutflusses, was mich daran zweifeln ließ, ob der Eingriff wirklich nötig war.

Dann, praktisch in den letzten Sekunden der Operation, entdeckte der Arzt eine weitere kleine Thrombose an einer anderen Stelle meines Herzens. Er besprach sich kurz mit dem Professor, der noch immer an seiner Seite stand. Unter dessen Anleitung gelang es ihm diesmal, das Blutgerinnsel unverzüglich zu beseitigen.

Sofort war eine Verbesserung des Blutflusses sichtbar. Ich vermutete, dass dieser unerwartete Befund die wahre Ursache meiner bedrohlichen Lage war. Es stellte ein großes Glück für mich dar, dass der Arzt den Verschluss noch erkannt hatte. Die Tatsache allerdings, dass die zunächst beinahe übersehen worden war, raubte mir jegliches Vertrauen in diese Ärzte.

Die darauffolgende Nacht musste ich wieder auf der Intensivstation verbringen. An Schlaf war trotz meiner völligen Erschöpfung nicht zu denken. Schreckliche Schmerzen in Brust und Rücken ließen keinen Moment der Ruhe zu. Mir war kalt und ich fühlte mich abgeschieden und einsamer als je zuvor in meinen Leben. Quälende Gedanken wirbelten durch meinen Kopf. Ich konnte einfach immer noch nicht begreifen, wie ich in diese Situation geraten war. Die Schmerzen, die ich empfand, waren weit schlimmer als die, die ich tags zuvor während des vermeintlichen Herzinfarkts erlitten hatte. Eine Mischung aus Verzweiflung, Angst und tiefer Hoffnungslosigkeit ergriff mich und erdrückte mich fast.

Inmitten von Verzweiflung und Schmerzen begann mein Herz unruhig zu schlagen. Ich wälzte mich von einer Seite auf die andere. Als einer Nachtschwester meine Anspannung auffiel, kam sie ohne ein Wort zu sagen in mein Zimmer. Sie setzte sich an die Kante meines Betts, nahm sanft meine Hand in ihre und sprach mit leiser, beruhigender Stimme zu mir: »Du hast Fieber, aber bitte mach dir keine Sorgen. Es ist nur vorübergehend und wird bald vergehen.« Ich war so dankbar, dass sie da war, und als ich sie ansah, legte sie ihre zweite Hand liebevoll auf mein unruhiges Herz. Die Wärme ihrer Berührung strömte in meinen Körper. Ich begann mich sicherer zu fühlen und wurde ruhiger.

Auf ihrem Namensschild stand »Maria«, und ich bin ihr bis heute unendlich dankbar, dass sie genau in diesen schweren Momenten für mich da war. Wenn ich die Augen schließe und an sie denke, sehe ich ihr liebevolles Lächeln, während das Licht der Kontrolllampen in ihrem Haar funkelt, noch immer klar und deutlich vor mir. In jener Nacht auf der Intensivstation war sie für mich so viel mehr als eine Nachtschwester. Sie war ein wunderschöner Engel, der inmitten der Dunkelheit meinen Blick auf den Polarstern lenkte, zu dem ich zurückfinden musste, um wieder Hoffnung und Zuversicht zu finden.

Endlich schlief ich ein und als ich morgens erwachte, war Maria bereits gegangen. Ihre Schicht war zu Ende und neues Personal hatte den Dienst übernommen. Es war noch sehr früh, als ich durch die offene Tür blickte und den mürrischen Krankenpfleger von gestern vorübergehen sah. Als er auf dem Rückweg erneut an meinem Zimmer vorbeilief und für einen Moment hineinsah, wünschte ich ihm mit schwacher, aber herzlicher Stimme einen guten Morgen. Sein überraschter Blick zeigte, dass freundliche Worte für ihn wohl eher selten waren, was mir angesichts seines rüden Verhaltens gegenüber den Patienten nachvollziehbar erschien. Mein herzlicher Gruß schien ihn nicht nur zu überraschen, sondern auch zu verwandeln, denn beim nächsten Blick ins Zimmer lächelte er sogar und fragte, ob alles in Ordnung sei.

Gegen zehn Uhr morgens kam der Professor an mein Krankenbett, um sich nach meinem Zustand zu erkundigen. Zögernd und mit gesenktem Blick begann er sich bei mir zu entschuldigen und äußerte seine Scham über das, was während meiner gestrigen Operation geschehen war. Zuerst konnte ich nicht richtig verstehen, was er damit genauer sagen wollte, bis er mich über die Umstände, die zu dem ungünstigen Verlauf geführt hatten, aufklärte. Er erläuterte, die Klinik sei vor einigen Monaten von einem deutschen Konzern übernommen worden. Der mich behandelnde Kardiologe hatte bereits vor der Übernahme versucht, den Operationssaal der Klinik zu nutzen. Als Chefarzt hatte der Professor dem Ansinnen jedoch nicht entsprochen, da er ihn nicht für ausreichend qualifiziert hielt. Er wüsste von keinem anderen Kardiologen, der einerseits so anspruchsvolle Eingriffe am Herzen vornimmt, andererseits aber auch Darmspiegelungen und diverse andere medizinische Untersuchungen und Behandlungen durchführt. Er betonte, dass eine derartige Vielfalt an Dienstleistungen seiner Ansicht nach auch nicht mit gewissenhafter Medizin vereinbar sei.

Nach Übernahme der Klinik durch den deutschen Konzern hätte sich der Arzt direkt bei duesem darum bemüht, die Erlaubnis für die Nutzung des Operationsraums der Klinik zu erhalten. Zu seiner Überraschung wurde dessen Wünschen in Deutschland entsprochen, ohne dass er als Chef der Kardiologie in den Entscheidungsprozess überhaupt einbezogen worden wäre. Ich sei der erste Patient gewesen und zu seinem Entsetzen hätte der Arzt es offensichtlich nicht einmal für nötig gehalten, sich vor dem Eingriff mit der Technik des OPs vertraut zu machen. Dies hätte zu den Komplikationen und dem langwierigen Verlauf des Eingriffs geführt. Dann unterstrich er erneut sein tiefes Bedauern und ließ nichts aus, um zu verdeutlichen, dass er eine starke Abneigung gegen diesen Arzt hegte. Einige Zeit später kam auch dieser zu mir und entschuldigte sich ebenfalls. Seiner Darstellung nach habe der Professor ihn bewusst getäuscht und ihn nicht unterstützt, obwohl es dessen Pflicht gewesen sei.

Ich hatte genug von all dem und wollte nichts weiter darüber hören. Mir war längst klar geworden, dass ich in die falschen Hände geraten war. Der eine schien von wirtschaftlichen Motiven getrieben, und der Professor hatte offensichtlich seine übermäßige Eitelkeit über das Wohl der Patienten gestellt. Ich war zwischen die Fronten geraten und hätte beinahe mit meinem Leben dafür bezahlt.

Irgendwann nachmittags wurde ein Rollstuhl neben mein Bett gestellt. Ich hatte keine Ahnung weshalb. Erst etwa zwei Stunden später kam der Krankenpfleger, jener, der zuerst so mürrisch gewesen war, und bat mich, im Rollstuhl Platz zu nehmen. Als er mich aus dem Zimmer schob, fragte ich ihn, wohin er mich bringen würde. Er antwortete, ich dürfe die Intensivstation verlassen. Als ich das hörte, brach alles in mir auf und ich begann fürchterlich zu weinen. Als der Pfleger meine Tränen bemerkte, legte er tröstend seine Hand auf meine Schulter. Als wir im neuen Krankenzimmer angekommen waren, sagte er: »Ich verstehe dich vollkommen, und ehrlich gesagt, ich war fassungslos, als ich erfuhr, was während deiner Operation passiert ist.« Er blieb noch ein paar Sekunden wortlos vor mir stehen, bis er sich mit einer Umarmung verabschiedete.

Zwei Tage später verließ ich das Krankenhaus auf eigene Verantwortung und flog kurz darauf nach Deutschland. Eine bekannte Ärztin vermittelte mich an einen äußerst kompetenten und einfühlsamen Kardiologen, dessen Leidenschaft es ist, Menschen zu helfen und zu heilen. Nach gründlichen Untersuchungen begann ich mit seinem Einverständnis sofort wieder damit, mich täglich zu bewegen. Entgegen den anfänglichen Prognosen des Kardiologen auf Mallorca erlangte ich meine volle Kondition zurück und benötigte auch schon bald keine Medikamente mehr.

Während meiner Tage in der Klinik auf Mallorca spürte ich deutlich, wie zwei gegensätzliche Kräfte um mein Schicksal rangen. Mir wurde klar, dass es nicht nur unseren leitenden Polarstern gibt, der uns im Leben Halt und Unterstützung bietet, sondern dass es auch eine Gegenkraft gibt, die versucht, uns die Orientierung zu nehmen. Besonders in Notlagen müssen wir den Weg zurück zu unserem Lichtpunkt finden. Um das zu schaffen, sollten wir auch auf die kleinen Dinge achten, die um uns herum geschehen. In meinem Erlebnis waren das der Blick des Chefarztes, die heilende Kraft der Nachtschwester, die in mich strömte, und die positive Energie, die allein schon ein freundlicher Morgengruß hervorrufen kann. Ich erkannte ein weiteres universelles Prinzip, das ich als »Achtsamkeit für das Kleine« bezeichne.

Maria habe ich nie wieder gesehen, aber ich habe für sie ein kleines Geschenk und eine Nachricht hinterlassen. In dem kurzen Brief schrieb ich ihr, dass sie für mich zu den Menschen zählt, die diese Welt lebenswerter und besser machen und dass ich ihr für immer dankbar sein werde.

KAPITEL 11

Vergebung als Befreiung:
Wie wir durch Vergebung Frieden mit unserer
Vergangenheit schließen können

Eines der für mich bedeutendsten und befreiendsten universellen ethischen Prinzipien, die ich in meinem Leben bislang entdeckt habe, ist das der Vergebung.

Mein Vater starb einen plötzlichen Tod, als ich noch ein junger Mann war. Schon als kleiner Junge hatte er Verletzungen, Kränkungen, Unsicherheit und Verunsicherung erfahren müssen. Er wuchs gemeinsam mit seinen sechs Geschwistern in bitterster Armut auf. Sein Vater war ein Wanderarbeiter, der dem Alkohol verfallen war und seine Familie oft über Monate hinweg mittellos allein zurückließ.

Als er zehn Jahre alt war, wurde Adolf Hitler von Hindenburg zum Reichskanzler ernannt und die nationalsozialistischen Gesetze traten in Kraft. 1939 wurden alle wehrfähigen Männer seines Dorfes einberufen und nur Alte und Kranke blieben zurück. Da wollte auch er nicht länger warten und beschloss im Alter von siebzehn Jahren, dem Aufruf der Nationalsozialisten zur freiwilligen Aufnahme in die deutsche Reichswehr zu folgen.

Als er sieben Jahre später zurückkehrte, waren seine Mutter und sein Vater verstorben. Das Land lag in Trümmern und die Jahre nach dem Krieg waren voller Gefahr und Unordnung. Es mangelte an Nahrung und Kleidung und der Großteil der Wohnungen, Straßen und Brücken war zerstört. Überall im Land irrten ehemalige Kriegsgefangene, Zwangsarbeiter und Verschleppte ziellos umher.

Die nationalsozialistische Erziehung, die darauf abzielte, eine Generation aus Mitläufern und Soldaten heranzuziehen, hinterließ auch bei meinem Vater tiefe Spuren. Die Leitsätze dieser menschenverachtenden Machthaber prägten ihn bereits in jungen Jahren und so war er davon überzeugt, dass Sensibilität eine Schwäche und das Leben nur mit Härte und Durchhaltevermögen zu bewältigen sei. Die Entbehrungen, die er in seiner Kindheit und später in den Kriegsjahren erlebt hatte, führten dazu, dass neben dem Streben nach materiellem Wohlstand alles andere zweitrangig wurde. Aufgrund der enormen Belastung, die damit verbunden war, war er fast ständig überfordert. Oftmals brauchte es nur einen kleinen Anlass und diese Überforderung entlud sich in Aggressionen.

Ich entsprach den Vorstellungen meines Vaters in nahezu keiner Weise. Er wünschte sich einen extrovertierten, zielstrebigen und robusten Sohn. Ganz im Gegensatz zu seinen Anforderungen war ich eher ein sensibles und introvertiertes Kind. Er interessierte sich deshalb nicht wirklich für mich und wenn er dann doch einmal auf mich zukam, erteilte er irgendwelche autoritären Lektionen.

Erst in seinem letzten Lebensjahr wurde er nachdenklicher und begann mit sich und seiner Vergangenheit zu hadern. Er sprach davon, dass er vieles hätte anders machen sollen und dass er seine Träume nicht gelebt habe. Die Aggressivität, die ihn zuvor immer wieder übermannt hatte, wandelte sich in Niedergeschlagenheit und Resignation.

Einerseits machte es mich sehr traurig, ihn nun so entmutigt zu sehen, andererseits sah ich einen gewissen Hoffnungsschimmer in seiner unerwarteten Selbstkritik. Leider aber fehlte ihm am Ende die Zeit, die er gebraucht hätte, um zumindest einen versöhnlichen Lebensabend zu erlangen. Bereits ein Jahr nach dieser spürbaren Wesensänderung erlag er mit nur sechsundfünfzig Jahren einem plötzlichen Herztod.

Während er starb, wollte es das Schicksal, dass ich genau in diesen Momenten bei ihm war. Ich wohnte schon seit mehr als drei Jahren nicht mehr bei meinen Eltern, und da mein Wohnort mehr als fünfzig Kilometer entfernt lag, war ich seit Wochen nicht bei ihnen gewesen. Doch als ich sie an diesem Nachmittag besuchte, gab es einen plötzlichen Wetterumschwung. Einer seit Wochen andauernden klirrenden Kälte folgten milde Temperaturen bei gleichzeitig einsetzendem Regen. Die Straßen waren unbefahrbar. Deshalb entschied ich mich, noch bis zum Morgen zu bleiben.

An jenem Abend, als wir zusammensaßen, sank mein Vater schlagartig von einem Moment zum anderen in sich zusammen. Als wir erschrocken feststellten, dass sein Herz nicht mehr schlug, hatte ich das Gefühl, die Geschehnisse aus einer gewissen Distanz zu beobachten. Alles wirkte unwirklich auf mich. Ich rief den Notdienst an und trat zurück in den Raum. Von Neuem erschrak ich, als ich die zitternden Hände meiner Mutter und ihre verzweifelten Wiederbelebungsversuche verfolgte. Ich hoffte so sehr, dass er wieder zu atmen anfinge. Doch gleichzeitig breitete sich die befremdliche Überzeugung in mir aus, dass alles gut war, wie es geschah, und er nicht mehr ins Leben zurückkehren wollte.

Wenige Minuten nach dem Notruf trafen die Ärzte ein. Als meine Mutter zur Tür lief, um ihnen den Weg zu weisen, war ich für einige Momente mit meinem Vater allein. In diesen wenigen Augenblicken breitete sich eine wundersame Atmosphäre um mich aus. Ich spürte deutlich, wie sich die Grenzen, die ihn sein ganzes Leben gefangen gehalten hatten, auflösten. Ich fühlte unverhofft die Tiefe der wirklichen Verbindung zwischen uns, in der es nichts weiter gab als die Sehnsucht nach Liebe und Akzeptanz. Danach hatte nicht nur ich mich gesehnt, sondern auch er hatte sie in Wahrheit gesucht. Während dieser Erfahrung umarmte ich ihn ein letztes Mal, küsste ihn auf die Wange und flüsterte ihm zu, dass ich ihn liebe. Es war ein friedvoller Abschied, der nichts Weiteres bedurfte, ein Moment der Heilung und des Verstehens. Als hätten wir in diesen Augenblicken endlich auf einer tiefen Ebene zueinandergefunden, die uns die Liebe und den Frieden schenkte, die unserer Verbindung so lange gefehlt hatten.

Leider wurde dieser friedvolle Moment im »Dazwischen« abrupt durch das Eintreffen der Ärzte beendet. Sie wiesen mich aus dem Zimmer und unternahmen alles Mögliche, um meinen Vater zurück ins Leben zu holen. Meine Mutter und ich standen bangend und nun wieder hoffend vor der Tür. Doch tief in mir hatte ich bereits vor dem Eintreffen der Mediziner gespürt, dass mein Vater diesen Ort bereits verlassen hatte.

In den Jahren nach seinem Tod erkannte ich, dass die Ängste und Blockaden, die ich als Kind spürte, aus der Ablehnung, Hartherzigkeit und Ungerechtigkeit entstanden waren, die mein Vater mir entgegengebracht hatte. Doch die Schuldzuweisungen, die die Erinnerungen an meine frühe Kindheit auslösten, boten mir weder Trost noch Hilfe.

Erst als mir bewusst wurde, dass mein Vater in seiner Kindheit und Jugend noch weit tieferen Verletzungen ausgesetzt worden war als ich, erkannte ich die immensen Barrieren, die ihn im Leben behinderten. Seine Kindheit war von der bitteren Armut der Vorkriegszeit überschattet, und die grauenvollen Erfahrungen, die er als Soldat im Zweiten Weltkrieg gemacht hatte, hatten ihn traumatisiert. Wie sollte er mir Zuspruch und Vertrauen geben, wenn er in seiner Kindheit nicht wertgeschätzt wurde und sich selbst überlassen war? Wie sollte er mir bedingungslose Liebe schenken, damit sie mir zu Kraft und Selbstbewusstsein verhilft, wenn er selbst bedingungslose Liebe nie erfahren hatte? Wie hätte er mir als Vater sagen können, dass er mich so liebt, wie ich wirklich bin, wenn er meine Sensibilität und Verträumtheit als Schwächen ansah?

Im Moment seines Todes, als ich das erkannte, fand ich die Kraft, ihm aufrichtig zu verzeihen. Es war nicht ich, den er in Wirklichkeit ablehnte. Er erkannte in mir etwas, das auch er in sich trug, aber verdrängen musste, weil seine Erziehung ihn darauf konditioniert hatte, Verletzlichkeit zu unterdrücken.

Während er in meinen Armen starb, wurde mir klar, dass alles, was an ihm nicht authentisch war und zu ihm gehörte, nach und nach von ihm abfiel. Mir wurde zutiefst bewusst, dass der einstmals erstrebte Status und aufgezwungene Identitäten, die nicht aus unserem inneren Wesen heraus gewachsen sind, im Angesicht unseres nahenden Todes von uns abfallen. Unser innerer Blick klärt sich ein letztes Mal, und wir erkennen, dass die kostbare Lebenszeit und Energie, die wir der Selbsttäuschung und Verblendung geopfert haben, eine verlorene Investition war.

Wenn wir den Kontakt zu unserem authentischen Selbst verlieren, büßen wir schrittweise das Kostbarste ein, was wir überhaupt besitzen, unser wahres Sein. Deswegen sollten wir den Fokus in unserem Leben darauf ausrichten zu erkennen, ob unsere Handlungen aus unserem wahren Selbst oder aus einer Täuschung heraus entspringen. Um feststellen zu können, was wirklich aus uns selbst kommt, benötigen wir einen möglichst hohen Grad an Bewusstheit. Wir müssen unsere tiefen Sehnsüchte erkennen, damit wir kein Opfer von Verblendung und Täuschung werden. Das ist der einzige Weg zu einem wirklich glücklichen Leben. Je mehr wir unserem wahren Selbst entsprechen, desto einfacher wird es, Liebe und Verständnis für andere zu entwickeln. Denn wahre Selbstliebe und Empathie sind untrennbar verschränkt.

Sobald wir mit der Suche nach unserem wahren Lebenszweck beginnen, wird das Licht unseres inneren Polarsterns uns den Weg zur Authentizität weisen und damit einen anhaltenden, transformativen Prozess der persönlichen Entwicklung in Gang setzen. Wir erlangen Offenheit, Mut, Toleranz und Gelassenheit und scheuen uns nicht davor, uns selbst zu hinterfragen oder unsere Ansichten zu überdenken. Dadurch eröffnen wir uns die Möglichkeit für Wachstum und Heilung, um so zu einer authentischeren und erfüllteren Version unserer selbst zu werden.

Indem wir erkennen, dass die Verletzungen, die uns andere zufügen, oft nur ein Spiegel ihrer eigenen Wunden sind, gewinnen wir an Resilienz. Diese Einsicht dient uns als Schutzschild, das den Pfeil, der uns treffen soll, auffängt. Wenn wir unsere Aufmerksamkeit darauf richten, die Beweggründe des Aggressors zu verstehen, bleiben wir gelassen und lassen uns auf unserem Weg nicht beirren.

Anstatt uns in Schuldzuweisungen zu verstricken, gelingt es uns, die wahren Beweggründe eines Menschen zu erkennen und ihm zu verzeihen – so wie ich meinem Vater von dem Augenblick an vergeben konnte, als ich erkannte, dass er ein verletzter Mensch war.

Es hilft uns nicht, wenn wir uns mit Vergangenem belasten. Was geschehen ist, können wir nicht ungeschehen machen.

Hingegen, wenn wir die Vergangenheit als unabdingbaren Teil unserer Entwicklung akzeptieren, erkennen wir, dass alles genau so geschehen musste, wie es geschah, um zu der Person zu werden, die wir heute sind. Wenn wir dann irgendwann feststellen, dass wir plötzlich zu den Alten zählen, können wir uns trösten, indem wir uns vergegenwärtigen, dass wir über einen Schatz an Erfahrungen verfügen, den wir als junge Menschen nicht besaßen. Als authentische Persönlichkeiten würden wir für nichts in der Welt unser Leben mit einem anderen tauschen wollen. Und wenn uns die Möglichkeit eröffnet würde, nochmals jung zu sein, die Voraussetzung jedoch darin bestünde, unseren angehäuften Reichtum an Erfahrungen als Gegenleistung aufzugeben, würden wir uns gegen ein solches Ansinnen entscheiden. Und selbst dann, wenn wir unseren Erkenntnisschatz an Reife behalten dürften, würden wohl die meisten die gleichen Lebensprozesse nicht noch einmal durchleben wollen. Im Zurückdrehen der Zeit, um dann erneut vom Kind zum Erwachsenen heranzureifen, ohne jedoch den Zauber des ersten Mals zu behalten, würden unsere Erfahrungen ihre tiefere Bedeutung einbüßen. Hinzu kommt, dass wir, wenn es gelänge, unsere Lebensspanne über Jahrhunderte hinweg auszudehnen, unweigerlich mit der Frage konfrontiert würden, ob ein solch langes Leben reizvoll, aufregend und erfüllend bleiben kann. Deshalb sollten wir die Vergänglichkeit als einen Freund erkennen, da sie es ist, aus der die Einzigartigkeit eines jeden neuen Tages entspringt. Und weil zudem jeder Augenblick im ewigen Licht, das das Universum durchquert, gespeichert bleibt, geht selbst im Vergehen nichts verloren.

Wenn der Tod in unserem Umfeld sichtbar wird oder wir uns in Situationen befinden, die uns seiner Nähe bewusst machen, offenbart sich uns die Endlichkeit unseres Daseins auf dieser Erde. In solchen Augenblicken hoher Bewusstheit entdecken wir in allem, selbst in den unscheinbarsten Dingen, eine tiefe Verbundenheit. Wir gelangen zur Einsicht, dass jede Erfahrung, jeder einzelne Augenblick, unerlässlich war, um zu der Person zu werden, die wir heute sind. Es ist die Vergänglichkeit, die unsere Zeit wertvoll macht und uns die Bedeutung von Mitgefühl lehrt, denn das, was wir geben, ist gleich dem, was wir erhalten. In dieser Erkenntnis offenbart sich das universelle, ethische Prinzip der Vergebung, das uns befreit und uns hilft, unsere eigene Sterblichkeit zu akzeptieren.

Wenn der Morgen anbricht,
an dem wir das letzte Mal unsere Augen öffnen,
bleibt uns nur unser wahres Sein.
Die universellen Gesetze haben bereits über uns entschieden.
Es bedarf keines Richters nach unserem Tod,
der uns sagt, was richtig oder falsch war.
Allein aus der Tiefe unserer Authentizität speist sich der Wind,
der das Segel unseres Bootes füllt,
um uns über das endlose Meer hinweg nach Hause zu führen.

Emilio

KAPITEL 12

Fragmentierung und Konditionierung: Unsere Rolle in einem bewussten Universum

Der US-amerikanische Astronom Edwin Hubble (1889–1953) führte uns zu der Erkenntnis, dass das Universum kein statisches, unveränderliches Gebilde ist. Dank seiner bahnbrechenden Arbeit wissen wir, dass es sich um ein hochdynamisches System handelt, das sich stetig bewegt und unaufhörlich ausdehnt. Ende der Neunzigerjahre machten zwei unabhängige Forschungsgruppen, das Supernova Cosmology Project und das High-Z Supernova Search Team, eine verblüffende Entdeckung: Die Geschwindigkeit, in der sich das Universum ausdehnt, nimmt nicht ab, sondern beschleunigt sich kontinuierlich. Dies widersprach der allgemeinen Erwartung, dass die Ausdehnung nach dem Urknall allmählich abnehmen würde. Stattdessen deutete alles darauf hin, dass eine unbekannte Kraft das Universum gleich einer unsichtbaren Hand fortwährend beschleunigt. Diese Erkenntnis brachte den Begriff der »dunklen Energie« in die wissenschaftliche Diskussion – so benannt, weil ihre Natur und Herkunft noch immer tiefgehend rätselhaft sind. Angesichts der enormen Dimension, die diese das Universum beschleunigende Energie haben muss, gehen Astronomen davon aus, dass dunkle

Energie den größten Teil der Gesamtenergie im Universum ausmacht und schätzungsweise etwa achtundsechzig Prozent des gesamten Universums umfasst. Das macht sie zum dominierenden Bestandteil in der kosmischen Energiebilanz.

Je intensiver wir uns mit den astronomischen Entdeckungen beschäftigen, desto offensichtlicher wird das Paradox, dass eine der größten Erkenntnisse in der Einsicht liegt, wie wenig wir tatsächlich über das Universum wissen. Die Entdeckung, dass der größte Teil des Universums – in Form von dunkler Materie und dunkler Energie – uns noch unbekannt ist, verdeutlicht, dass unser aktuelles Wissen nur einen Bruchteil des gesamten kosmischen Panoramas abdeckt. Dies unterstreicht die Notwendigkeit, unseren wissenschaftlichen Horizont ständig zu erweitern und offen für neue, auch unerwartete Erkenntnisse zu bleiben.

Neben vielen anderen Theorien könnten wir das Universum metaphorisch als einen lebendigen, gigantischen Organismus begreifen. Bei einer solchen Betrachtung läge es nahe anzunehmen, dass ein solch komplexes System möglicherweise ein bestimmtes Ziel oder eine Art von »Absicht« verfolgt. Wenn dem so wäre, welche Rolle könnten wir als Menschen in einem solch selbstbewussten Kosmos spielen? Doch bevor wir weiter auf diese Hypothese eingehen, sollten wir einige Theorien betrachten, die in diesem Kontext häufig diskutiert werden.

Angenommen, das Universum ist lediglich aufgrund eines glücklichen Zufalls entstanden. Nicht nur unsere Existenz, auch alles andere – etwa die fein abgestimmten Naturkonstanten wie die Gravitationskonstante, die Planck-Konstante und die Lichtgeschwindigkeit, die das Leben begünstigen – wäre das Ergebnis glücklicher Fügungen. Alle Prozesse im Universum – seine Entstehung, seine Evolution, seine komplexen Strukturen – würden auf zufälligen Mechanismen beruhen, gleichsam Launen des Schicksals. In einem solchen Kontext ist unsere Suche nach einem übergeordneten Sinn unseres Daseins vielleicht nur ein Versuch, uns selbst zu trösten. Wir bemühen uns damit, der möglichen Bedeutungslosigkeit zu entkommen.

Es ist bemerkenswert, dass dieses Zufallsprinzip über die Jahre hinweg an Zustimmung gewonnen hat. Und das, obwohl es nicht weniger spekulativ ist als Denksysteme wie der Glauben an einen Schöpfergott oder die Reinkarnation. Dabei ist es doch fast unvorstellbar, dass alle lebensnotwendigen Naturkonstanten rein zufällig so entstanden sind, wie wir sie heute sehen. Diese Fixierung auf das Zufallsprinzip könnte teilweise eine Reaktion auf die anfängliche Ablehnung wissenschaftlicher Erkenntnisse durch religiöse Institutionen sein. Zu lange haben sich die Religionen vor den wissenschaftlichen Erkenntnissen verschlossen oder sie negiert und dadurch einen

Keil zwischen spirituelle und wissenschaftliche Erfahrungspfade getrieben. Erkenntnis ist wesentlich ein Gefühl, dass sich das, was man zu begründen versucht, stimmig anfühlt. Das gilt für alle Überzeugungen gleichermaßen, ob wir sie nun über analytische, mathematische oder spirituelle Erkenntniswege erlangen.

Es wäre vermessen, eine Erfahrung wie etwa die des Astronauten James Irwin nach seinem Raumflug abzutun. Er sagte: »Ich fühlte die Nähe Gottes. Ich fühlte, dass ich buchstäblich in der Gegenwart Gottes stand.« Ähnliche Gefühle der Demut und des Staunens beschrieb auch der Astronaut Frank Borman, Kommandeur der Apollo 8, als er die Erde vom Weltraum aus sah. »Wenn man so weit draußen ist und die Erde sieht«, bemerkte er, »dann wird einem die Schöpfung Gottes und die Bedeutung des Menschen bewusst.« Von solchen Eindrücken berichteten viele Raumfahrer.

Da die Phänomene, die uns umgeben, sehr komplex sind und sich auch nur ansatzweise mit unseren Sinnen erfassen lassen, können wir ihre Entstehung hinsichtlich der Wahrscheinlichkeit eines zufälligen Ursprungs schwer einschätzen. Verglichen damit können wir die Komplexität einer Lottozahlenziehung mit unserem analytischen Denken noch eher erfassen. Zumindest würden wir die ständige zufällige Wiederholung derselben Zahlen als absurd betrachten und davon ausgehen, dass eine Manipulation vorliegt, sollte sich ein solches Muster tatsächlich einstellen.

Gerade die inhärente Komplexität der Phänomene, die uns umgeben, verführt uns paradoxerweise dazu, unser Nichtwissen auszulagern und das Wunder unserer Existenz vereinfachend auf glückliche, zufällige Fügungen zu reduzieren. Doch die Reduktion einer Sache auf die Dinge, die wir bislang erkannt haben, macht sie nicht wahrer, da sich mit jedem weiteren Puzzleteil der Erkenntnis ein völlig neues Bild ergeben kann. Mit jedem Schritt, der unseren Erkenntnishorizont erweitert, verändert sich unsere Einschätzung, weil wir fortwährend nur einen Bruchteil des Ganzen erfassen. Hinzu kommt, dass wir mit unseren analytisch-mathematischen Fähigkeiten an Grenzen stoßen, wenn es um die Beurteilung dieser vielschichtigen Strukturen geht.

Exkurs 2: Das Universum als allmächtiger Schöpfer
Gehen wir von einem allmächtigen Universum oder einem allmächtigen Schöpfer aus, stellt sich die Frage, warum Leid zugelassen wird. Wäre das Universum allmächtig, könnte es uns schmerzhafte Erfahrungen ersparen und uns auf leidfreien Wegen zu dem von ihm erstrebten Ziel führen. Da dies jedoch nicht der Fall ist, erscheint das Universum in diesem Modell wie ein schadenfroher Beobachter, der sich an menschlichen Missgeschicken erfreut. Diese Vorstellung ist schon allein deshalb abwegig, weil sie das Universum zu einer unreifen Entität anthropomorphisiert.

Exkurs 3: Das selbstbeobachtende Universum
Eine weitere Theorie betrachtet das Universum als

eine Existenz, die sich selbst durch uns erfährt und be-
obachtet. Doch die Idee eines Universums, das sich über
unermessliche Zeiträume hinweg lediglich selbst verfolgt, ohne dabei einem Ziel nachzugehen, wäre förmlich
von einer lähmenden Monotonie durchdrungen. Eine
solche Einschätzung erscheint geradezu beklemmend,
da sie eine Schleife endloser Wiederholung ohne erkenn-
baren Sinn impliziert.

Da keine der Theorien ohne Spekulation auskommt, spielt es
keine Rolle, wofür wir uns entscheiden. Zu vermuten, dass
der Kosmos einem lebendigen Organismus ähneln könnte,
erscheint demnach keineswegs waghalsiger als die anderen
drei Optionen. Kommen wir deshalb zu unserer Betrachtung
zurück, wonach wir das Universum metaphorisch als ein le-
bendiges, gigantisches Wesen betrachten, das eine Art Ziel
oder Absicht verfolgt.

Ein höheres Bewusstsein könnte in der Generierung von
Leben einen Weg sehen, durch die Dimension der Zeit hin-
durch Erfahrungen, Wachstum und Erkenntnis zu fördern,
wobei die Vielfalt des Lebens unterschiedliche Entwicklungs-
pfade ermöglicht, die zur Gesamtevolution des Bewusstseins beitragen. In diesem Fall könnte es einem Prozess der
kontinuierlichen Optimierung folgen und hierzu die Methode der Fragmentierung anwenden, indem es sein Bewusstsein aufteilt. Dadurch wird es in die Lage versetzt, unzählige
Erfahrungspfade gleichzeitig zu erkunden. Je umfangreicher
die Fragmentierung, desto mehr Erfahrungspfade können

simultan verfolgt werden, wodurch die benötigte Zeit zur Optimierung proportional verkürzt wird. Würde das Universum – diesen Gedanken weitergesponnen – lediglich einen einzigen Pfad verfolgen, wäre die Zeitspanne zur Optimierung beispielsweise eine Million Mal länger, als wenn es simultan eine Million Pfade verfolgt. Vielleicht ist es dasselbe Muster, das wir bei Bakterienkolonien beobachten können. Damit sich die Wahrscheinlichkeit für eine vorteilhafte Genexpression eines bestimmten Stammes in einem definierten Zeitfenster erhöht, teilen sich unzählige Einheiten der Kolonie gleichzeitig. Ohne die immense Anzahl an Bakterien und ihre rasche Teilung würde der Eintritt eines begünstigenden Prozesses eine erheblich längere Zeitspanne in Anspruch nehmen. Die gleichzeitige Aktivität vieler Einheiten in Systemen erhöht oft die Chance, dass günstige Veränderungen schnell greifen und den gesamten Prozess effizienter machen.

In diesem Licht könnten wir alle Lebewesen – Menschen, Tiere, Insekten, Viren, Bakterien – als unterschiedliche Facetten eines größeren Systems betrachten, die dem Universum dabei helfen, seinen hypothetischen Optimierungsprozess zu beschleunigen. Der denkende, bewusste allumfassende Kosmos könnte sich in diverse Ausprägungen aufteilen, um über den Weg der Fragmentierung zeitgleich unzählige Erfahrungen zu machen und diejenige Form anzunehmen, die er als vorteilhaft erachtet.

Aber wie kann in einem geschlossenen System, in dem es eigentlich nichts zu erfinden, sondern nur zu entdecken gibt, überhaupt etwas Neues und Begünstigendes generiert werden? In einer autarken Organisation, in der es nichts Neues zu erfinden gibt, da sämtliche Optionen bereits existieren, könnte der Vorteil gerade in der Erforschung und Erkenntnis dieser bestehenden Möglichkeiten liegen. In diesem Fall ginge es weniger um das Erschaffen von Neuem als vielmehr um das Begreifen, Anwenden, Kombinieren und Verfeinern des bereits Vorhandenen.

Jede Erfahrung, Erkenntnis und Handlung könnte als Schritt in Richtung einer umfassenderen Erkundung und Anwendung dieser Organisationsstruktur betrachtet werden. Diese Prozesse würden wiederum zur allgemeinen Entwicklung und Evolution des Netzwerks beitragen. Zusätzlich könnte das Netzwerk nicht nur Neues aufnehmen, sondern auch vorteilhafte Muster wiederholen und sich dadurch selbst konditionieren. In diesem Sinne könnte das universelle Bewusstsein darauf abzielen, sich zu fragmentieren, um eine innere Optimierung und positive Beeinflussung zu erreichen.

Die Konditionierung ist wirksamer, wenn die Informationen, die sie enthält, nicht bloß suggeriert sind, sondern auf eigener Erfahrung und daraus resultierender Erkenntnis beruhen. Nur wenn auch Irrwege möglich sind, erhält die Entscheidung für den richtigen Weg ihre tatsächliche Bedeutung. Demnach darf zum Zeitpunkt der Entscheidung nichts vorherbestimmt oder vorgegeben sein, damit die Erkenntnisse in ihrer Wirkung authentisch und effektiv sind.

In unserer menschlichen Existenz tendieren wir dazu, uns als zentralen Faktor im Universum zu sehen. Aber wie wäre es, wenn wir uns nicht als isoliert, sondern als integralen Teil etwas weitaus Größeren begreifen? Ähnlich einem unscheinbaren Bakterienstamm in unserem Darm, der eine für uns lebenswichtige Funktion erfüllt, ohne davon zu wissen, könnten auch wir eine uns verborgene Rolle im größeren Gefüge des Universums spielen. Denn etliche Arten von Bakterien, die allein darauf ausgerichtet sind, ihre Population voranzutreiben, erfüllen, ohne sich dessen bewusst zu sein, eine existenzielle Rolle in uns, einem für sie nicht verifizierbaren, weitaus größeren, komplexen Organismus.

Ebenso könnten auch wir Menschen einer Funktion in einem hypothetischen, denkenden Universum entsprechen, ohne es zu realisieren. Schließlich ist unsere analytische Wahrnehmung begrenzt, weshalb wir das gesamte Universum, seine möglichen Bedürfnisse und Ziele, wenn überhaupt, nur zu einem Bruchteil erfassen können. So, wie eben ein Darmbakterium nicht die Komplexität des menschlichen Körpers begreifen kann.

Im Kontext eines fragmentierten universellen Bewusstseins würden wir, ohne dies zu reflektieren, den universellen Erkenntnis- und Erfahrungshorizont auf eine uns verborgene Weise erweitern. Vielleicht sind wir auch eine Art »Energiewandler«, indem wir Materie in eine Form von Energie transformieren, die von höheren, vielleicht sogar universellen Ebenen genutzt werden könnte. Ähnlich wie Bakterien in unserem Darm komplexe

Nährstoffe in einfache, für uns verwertbare Elemente zerlegen, würden wir hypothetisch eine vergleichbare Transformierer-Rolle im kosmischen Gefüge spielen.

Um zu einem umfassenderen Verständnis unseres Lebenssinns und der uns umgebenden Phänomene zu gelangen, sollten wir uns nicht ausschließlich auf unsere analytischen Fähigkeiten konzentrieren, sondern alle uns verfügbaren Erkenntniswege einbeziehen. Wir sollten eine ganzheitliche Betrachtungsweise anstreben, in der analytisches Denken und Intuition miteinander verbunden werden. Wenn wir beginnen, uns als Teil eines bewussten Universums zu begreifen, befreien wir uns vom Schleier der Verblendung und treten der Welt unvoreingenommen gegenüber. Wir erkennen, dass wir nicht unsere Selbstkreation, unser Ego, sondern dessen Schöpfer sind. Diese Entdeckung hilft uns dabei, die Mauern, die uns limitierten, aufzubrechen, um so die Unbegrenztheit unseres wahren Seins zu erfahren. Eine höhere Bewusstheit beginnt in uns zu reifen und lässt uns fühlen, dass wir nichts anderes sind als das bewusste Universum selbst.

Eine solch allumfassende kosmische Gesetzmäßigkeit ließe uns besser verstehen, warum es so essenziell wichtig ist, uns im Leben selbst nahezukommen und zugleich mit der Welt verbunden zu sein. Denn nur in den Augenblicken vollständiger Verbundenheit, wenn wir mit unseren tiefen Sehnsüchten verschmelzen, sind wir von wahrem Glück erfüllt. Wir erkennen das Wunder des Lebens, selbst in jedem noch so unscheinbaren Detail.

Sobald wir mit der unermesslichen Schönheit, die allem Existierenden innewohnt, resonieren, finden wir zu dem, was uns wahrhaft beseelt und glücklich macht. Liebe, Mitgefühl und Ehrlichkeit reifen in uns heran, und wir entwickeln uns zu authentischen Menschen, die der Verblendung widerstehen können. Wir begreifen, dass wir mehr sind als unser geschaffenes Ego. Wir sind Teil eines größeren, kosmischen Bewusstseins, das alles Existierende miteinander verbindet.

Durch die konsequente Umsetzung ethischer Werte gelangen wir zu unserer wahren Bestimmung, indem wir mit dem Universum resonieren und so zu seiner positiven Konditionierung beitragen. Als Belohnung erhalten wir das schönste aller Geschenke: Wir fühlen den Atem des Universums tief in unserer Seele und spüren, wie es in uns reift, liebt, heilt und träumt. Wir haben gefunden, wonach wir unser ganzes Leben lang gesucht haben: Wir sind vereint in bedingungsloser, unbegrenzter Liebe.

Gott und Geist, atme in mir, denn du bist es, was in mir lebt.
Wachse in mir, denn du bist es, was in mir reift.
Liebe in mir, denn du bist es, was in mir liebt.
Heile in mir, denn du bis es, was in mir heilt.
Träume in mir, denn du bist es, was in mir träumt.
Und kein Traum kann größer sein
als der Traum, den du für mich träumst.

Emilio

ZUM AUTOR

Emilio, geboren 1958, gründete als Autodidakt ein Planungsbüro für Architektur, Design und Projektentwicklung. Im Laufe seiner beruflichen Karriere wurden seine Arbeiten mehrfach ausgezeichnet. Er gewann den German Design Award und den Iconic Award for innovative Architecture.

Sein geschäftliches wie auch privates Leben war und ist geprägt von der fortwährenden Suche nach einer Konstante, die sein Leben vor Verblendung und Täuschung bewahrt und somit den Weg zu dem weist, was er als sein wahres Sein begreift. Im Laufe der Jahre erkannte er immer deutlicher jenen Wegweiser, der im Innersten eines jeden Menschen existiert: einen Leitstern, der den Menschen über das scheinbar endlose Meer der Vergänglichkeit hinweg »nach Hause« führt.

Um zu diesem inneren Wegweiser zu gelangen, so erkannte Emilio, müssen wir unser wahres Selbst entdecken. Mit zunehmender Selbstreflexion schärfen wir unsere Sinne und nähern uns unserem inneren Leitstern, der uns die universellen Prinzipien offenbart. Indem wir diese ethischen Gesetzmäßigkeiten in unser Handeln integrieren, erreichen wir Authentizität und ein erfülltes Leben.

Emilios Geschichte lädt uns ein, uns auf die Reise in das Herz unserer tiefsten Sehnsüchte zu begeben. Sie ist ein exemplarischer Wegweiser zu dem verborgenen Leuchten in uns, das von uns entdeckt werden möchte.